初任者教員の
悩みに答える

先輩教員からの47のアドバイス

千葉大学教授
明石要一

千葉大学教授
保坂 亨

編著

教育評論社

序文 ： 初任者教員の目力の育成を目指して

初任者教員の質が問われる

　公立小学校の教員の年齢構成はワイングラスの形をしています。40代後半から50代にかけて人数が多く、30代がくびれて少なく、そして20代になると増え始めているのです（第1章図1参照）。団塊の世代の大量退職を契機に、一層初任者教員が増加してきます。首都圏では新規採用が1,000人から1,800人に達する都や県、市が出現しています。受験倍率が3倍を切るところもあります。経験則からいうと、大学入試と同じで倍率が3倍を切ると質が落ちます。採用担当者はいかに質の高い人を集めるかで苦心しています。初任者教員の「質」が問われています。

　初任者研修が始まったのは今から約20年前の1989年です。その内容は「初任教員に対する実施指導として、採用後1年間、指導教員のもとで教育活動の実務、及びその他の研修を受けることを義務づけている。条件付き採用を6ヶ月から1年に延長する」です。また、年間300時間の校内研修と年間25日程度の校外研修が課せられました。

　20年を経た今、初任者研修はどんな評価を受けているのでしょうか。文部科学省の委託を受けた調査レポート「各教育委員会の実施する教員研修の実態に関する調査研究報告書」（日本教育工学振興会）によると、次のような問題点を指摘しています。

・受講者のニーズに対応するための情報収集が十分にできていない。
・研修成果を評価する客観的な「評価方法」「評価基準」「評価結果の活用法」が明確になっていない。
・初任者研修に対する研修の効果測定が十分できていない。
・初任者研修を終えた受講者に対して追跡調査を行っている教育委員会は1割。研修後の事後支援や研究調査ができていない。

・初任者が能動的に受講するようにワークシートなどの情報提供が不十分な教育委員会もあり、共用可能な教材の共同開発や提供方法等について検討することが必要。

これを見ると、初任者研修は実施されているものの、それが初任者教員の力量形成にどれほど貢献したか、という問いに正面から答えきれていません。

そうした中で、学校における教員の年齢構成の「いびつさ」という制度的な問題とともに、初任者教員自身が抱える新たな問題が出始めています。

それは初任者教員の中途退職問題です。初任者教員の退職率が高くなっているのです。文部科学省のデータによれば、実数で見ると、1997年から2001年まで初任者教員で退職する者は50人前後でした。それが2006年に300人に達し、6倍にもなっているのです（第1章表1参照）。

「一人前」にする社会化が難しくなる

教育は人を一人前にする仕事です。教育社会学では社会化といいます。職業的な社会化は特定の職業でプロとして通用する技能と行動規範を身につけることです。ところが、教員の職業的な社会化がうまく機能していません。社会が激しく変わり価値が多様化する時代において教員の「一人前」の育成ができていないのです。

2003年から教職に就いて10年を経た教員全員を対象にした「10年次研修」が始まりました。そこで4日間の研修の最後に次の課題を与えました。「あなたは校長です。人事権と予算権を持っています。ほしい教員を選べて、予算は自由に使えます」という条件を与え、「どんな学校を作りますか」とレポートに書いてもらいました。驚いたことにレポートの内容に「差」がありすぎました。もう一度通いたくなるような学校づくりを紹介する教員もいれば、学生のレポートと同レベルの机上の学校論でしかない教員もいました。この「差」はどこで生まれたのでしょうか。次の3つのことが指摘できます。

1つは、教員採用の仕方がダメだったのではないでしょうか。採用試験問題が不適切だったか、集団面接ではっきり診断ができなかったか、採用担当の指導主事の見る目がなかったか、などが考えられます。

　2つ目は、赴任した学校の育成力の違いがあるのではないでしょうか。校長を始め先輩から教育指導のつたなさを鍛えられ、よき好敵手に恵まれればやる気は持続します。新卒当時多くの教員は夢と希望を抱いています。初任者教員として赴任した職場が活気があり、研究熱心な学校であればその夢と希望は一層ふくらみます。一方、不幸にして職場が沈滞ムードで、出る杭は打たれる雰囲気であれば、水が低い方に流れるようにやる気が低下します。初任者教員当時の白紙状態で刷り込まれた教職観は、後々まで影響を与えます。職場という集団の育成力に「差」があったのではないでしょうか。

　3つ目は、教員個人に起因するのではないでしょうか。採用時点の前から「差」があった、という意見があります。この「差」は、大学での養成の在り方や学生時代の本人の学習態度、それから大学入学する前までの資質の違いに求められます。もう1つは、教員になってからの10年間ギャンブルなどに関心が移った、という個人的な生き方の違いに求められます。

　これまでの教員養成は、免許持った者は同じ力があることを前提にしていました。楽観的な見通しを持っていました。現実はそうではありません。

　本企画は仮説的ではありますが、初任者教員の時期の過ごし方に問題がある、と思っています。そこで、本書は初任者教員の素朴でナマの疑問に答え、彼らの目力をつける支援を目指しています。

千葉大学　教育学部

教授　明石　要一

初任者教員の悩みに答える
先輩教員からの47のアドバイス

●目次●

序文：初任者教員の目力の育成を目指して———————————2

第1章　初任者教員をめぐる状況
　1．学校は転換期にある———————————————10
　2．教員のメンタルヘルスは危険水域である—————————12
　3．初任者教員は大丈夫なのか？————————————13
　　（1）初任者教員の退職問題—————————————13
　　（2）初任者教員のメンタルヘルス——————————15
　コラム：初任者教員の自殺を公務災害として認定——————17

第2章　初任者教員へのアドバイス集
1．授業づくり編
　1．子ども達の発言—————————————————22
　2．作業のスピード差————————————————24
　3．新出漢字の練習方法———————————————26
　4．所見を書くときのポイント————————————28
　5．授業開始の円滑化————————————————30
　6．ノートをとらせる方法——————————————32
　7．週案の活用方法—————————————————34
　8．授業中の立ち歩きなどへの対応——————————36
　9．話を静かに聞いてもらう方法———————————38

10．子どものほめ方―――――――――――――――40
　　11．整理整頓の指導方法―――――――――――――42
　　12．授業計画、授業準備――――――――――――44

２．学校生活編
　　1．あいさつの指導―――――――――――――――48
　　2．忘れ物が多い子どもへの対応―――――――――50
　　3．朝の会の歌唱指導――――――――――――――52
　　4．外遊びのすすめ―――――――――――――――54
　　5．偏食が多い子どもの指導方法―――――――――56
　　6．給食時間の過ごし方―――――――――――――58
　　7．掃除の指導――――――――――――――――――60
　　8．宿題について―――――――――――――――――62
　　9．連絡帳の徹底化――――――――――――――――64
　　10．連絡帳での苦情――――――――――――――――66
　　11．帰りの会の進め方―――――――――――――――68
　　12．提出文書や学級事務―――――――――――――70
　　コラム：休み時間は子どもの理解の場――――――――72

３．学級づくり・生活指導編
　　1．席替えのしかた――――――――――――――――74
　　2．宿題や課題ができない子ども――――――――――76
　　3．けんかやトラブルの対応―――――――――――――78

4．ルールを守れない子ども達――――――――――――80
   5．子どもとの関係改善――――――――――――――82
   6．いじめへの対応――――――――――――――――84
   7．生活習慣が悪い子どもと保護者への対応―――――86
   8．長期欠席や不登校の子どもへの対応―――――――88
   9．万引きをした子どもへの対応―――――――――――90
   10．クレームで来校する保護者への対応――――――――92

4．メンタルヘルス編
   1．ストレスによる体調不良――――――――――――96
   2．帰りづらさ――――――――――――――――――98
   3．疲労による事故――――――――――――――――100
   4．保護者からの苦情―――――――――――――――102
   5．同僚性の低い職場―――――――――――――――104
   6．仕事と家事の両立―――――――――――――――106
   7．学級経営に集中できない不満――――――――――108
   8．管理職教員との関係――――――――――――――110
   9．同僚教員への声掛け――――――――――――――112
   10．多忙感―――――――――――――――――――――114
   11．先輩教員との指導力の比較―――――――――――116
   12．一人暮らしのつらさ――――――――――――――118
   13．学級担任以外での採用―――――――――――――120
   コラム：メンターの必要性―――――――――――――122

第3章　初任者教員の成長
1．初任者教員には2つのクライシス期が存在する！
　初任者教員のモチベーションは1年間で、どのように変化するか————124
　初任者教員の平均的な年間のモチベーション変化図————125
　2つのクライシス期に、質的な差はあるか？————126
　第一クライシス期：
　　　児童掌握の技術不足から来る学級崩壊の危険性期————126
　第二クライシス期：児童掌握の技術不足に反応する保護者の不満と
　　　　　　　　　　学年主任や管理職からの指導————127
　初任者教員に伝えたい〈心得6ヶ条〉————128

2．事例にみる初期層教員の成長
　初期層教員のストレッサー————131
　事例1：学級経営に苦労したA教諭————132
　事例2：職場の人間関係に苦労したB教諭————134
　事例3：研究に苦労したC教諭————136
　事例から言えること————137
　コラム：初任者教員と一緒に泣いた日————140

執筆者一覧————141

装丁：清水範之

第1章
初任者教員をめぐる状況

1. 学校は転換期にある

　図1は、2010年度時点の公立小中学校の年齢別教員数です。

　ここから計算すると、今後10年間でおよそ17.5万人にものぼる小中学校教員が定年退職を迎えます。そして、この数は現在の教員の3割以上にあたるのです。さらに、近年増えている定年を待たずに辞める教員を考えると、今後10年間で半数近くが入れ替わる可能性もあるほどの転換期を迎えます。

　この転換は、当然ながらもともと教員数が多い都市部ほど激しいことが予想されます。図2-a、図2-bは、千葉県の年齢層別教員数を小学校と中学校

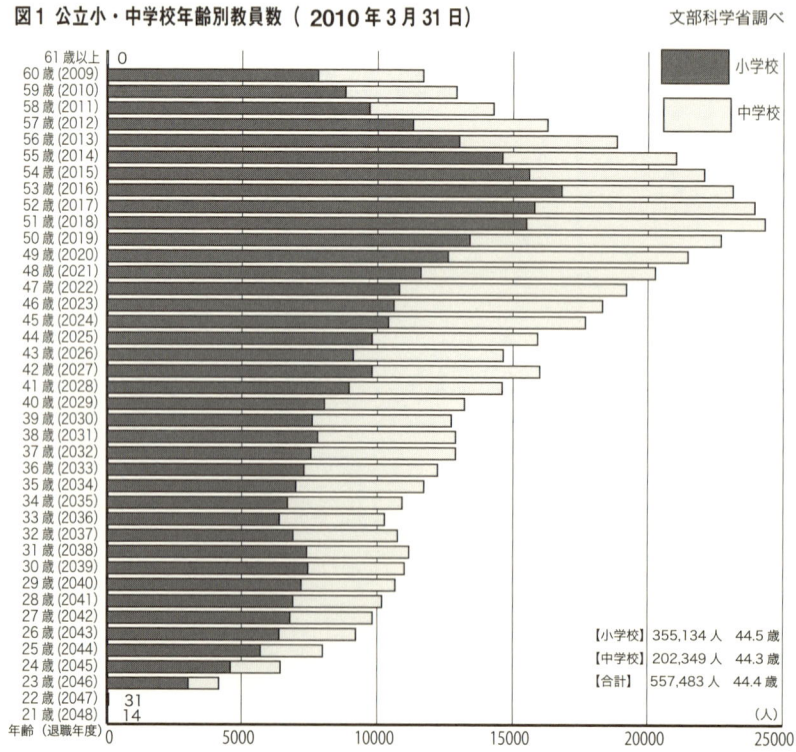

ごとに示したものです。このうち小学校教員は、今後10年間でおよそ8千人が定年退職を迎えますが、実に現在の小学校教員の4割を越えます。すでに定年前の退職者が定年退職者と同じくらい出ていることを考えれば、千葉県の小学校教員は今後10年間で半数以上が入れ替わってしまいます。

　こうした状況の中で、毎年多くの初任者教員が教壇に立つことになるのです。2010年度4月時点では、全国で約2万6千人が新規に採用されています。このうち約半数が小学校教員として採用されており、うちおよそ1/3が新規学卒者になっています。また、都道府県別に見ると、東京都、愛知県、大阪府、愛知県、埼玉県、神奈川県、千葉県、兵庫県が千人以上を採用して

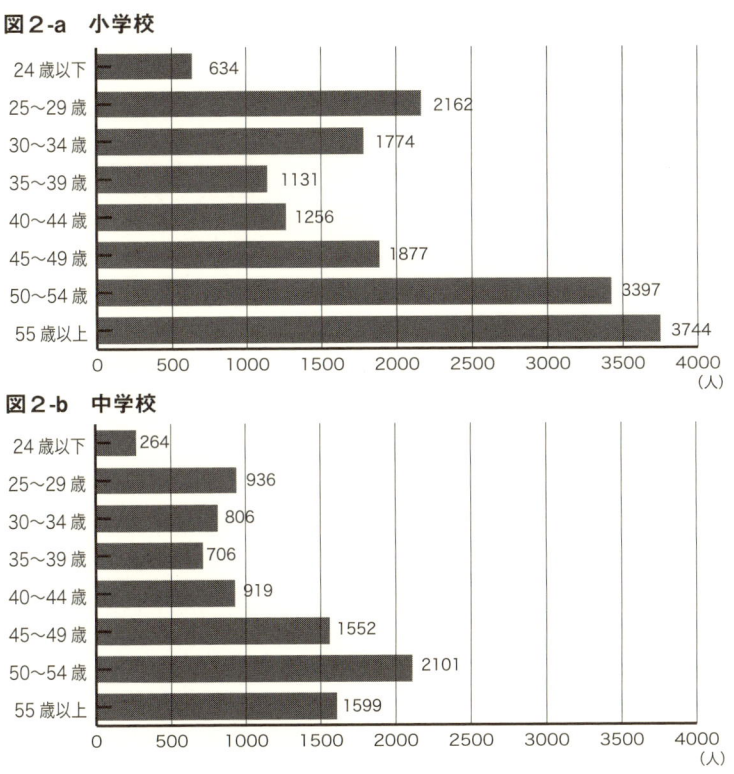

います。

　しかも、図1および図2からわかるように、こうした初任者教員を日々育てていく立場にある中堅層（30代〜40代）が極端に少ないのが今の学校の現状です。この年代は、教員採用数が少なかった時代に採用された人達です。この中堅層は、ある時期まで自分の後にほとんど初任者教員が入ってきませんでした。いわば「学校でずっと一番下」という経験をし続けていたら、突然初任者教員が大量に採用されるようになったわけです。この間に公式の初任者研修は整いましたが、それぞれの学校現場では初任者教員を育てるノウハウ（経験知）が失われていきました。

2．教員のメンタルヘルスは危険水域である

　こうした中で、図3に示すように1年以上休職している教員は、2009年度には8,627人に達し、1993年以降17年連続で増加し続けています。そして、すでに在職者比（全教員に占める割合＝出現率）では0.94％と、およそ100人に1人の教員が1年以上休職していることになります。マスコミ報道では、このうちの精神疾患による休職者5,458人（休職者に占める割合では6割）が注目されていますが、それ以外の病気休職者も含めて考えるべきでしょう。

　当然のことながら、この1年以上の病気休職者に加えて、最大で6ヶ月以内の病気（療養）休暇を取っている教員達もいます。

　全国調査はないのですが、例外的に発表されているある県の調査によれば、30日以上の病気休暇を取得した教員は、1年以上の病気休職者の数倍に達し、出現率ではおよそ3％にもなります。また、筆者が調べたある都市では、小中学校教員の4％以上にも達していました。この出現率は小中学校の児童生徒の長期欠席（30日以上）よりも多いのですから、子ども達よりも教員の方が休んでいると言えます。そして、おそらく全国的にも同じような状況だと考えられます。こうした実態をふまえると、やはり1年以上の休職者は氷

図3 病気休職者数

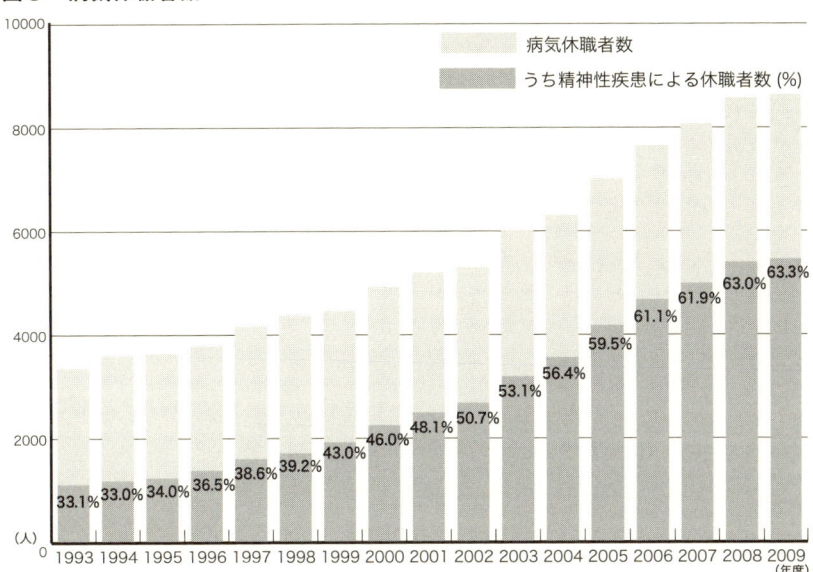

山の一角で、教員のメンタルヘルスがこれまで考えられてきた以上に深刻な状態であることはまちがいないと思います。

　つまり、毎年多くの初任者教員が学校に配置されるようになった今、その初任者教員を育てる立場にある中堅層は、そもそもその数自体が少ない上に、自分達のメンタルヘルスも危険水域にあるのです。

3．初任者教員は大丈夫なのか？

(1) 初任者教員の退職問題

　地方公務員法第22条に基づく地方公務員の採用については条件附採用制度がとられています。この一般の地方公務員の条件附採用期間は通常6ヶ月間ですが、児童生徒の教育に直接携わる教諭、助教諭、講師については、その職務の専門性から6ヶ月間での能力実証では不十分として、教育公務員特例法第12条により条件附採用期間が1年間とされており、かつその間に初

任者研修を受けることになっています。この条件附採用期間制度の趣旨は、教員採用選考において一定の能力実証を得た者について真に実務への適応能力があるかを見極めることにあるとされていますが、近年この条件附採用制度の厳密な運用が強調され、初任者教員に対して特別評定を行なう教育委員会が増えています。

　表1は、2002年度から2009年度の8年間に全国で採用された初任者教員のうち、1年後に正式採用されなかったものをその理由別にまとめたものです。とりわけこの4年間では300人もの初任者教員が1年後に正式採用されていないことがわかります。その多くは依願退職ですが、病気によるものがおよそ1／3を占めます。2008年度から新たに加わった調査項目によって病気のほとんどが精神疾患によるものであることが明らかになりました（2008年度は93人のうち88人、2009年度は86人のうち83人と発表されています）。

　また、都道府県別の傾向としては、先にあげた採用者が増加している都市圏で人数が多く、しかも増加傾向にありますが、その他の県では少数でそれ

表1　条件付き採用制度の状況について　　　　　　　　　　　　(人)

年度	2002	2003	2004	2005	2006	2007	2008	2009
不採用	4	1	7	2	4	1	4	2
依願退職	94	107	172	198	281	293	304	302
うち不採用決定者	13	10	15	16	14	12	10	27
うち病気による者	15	10	61	65	84	103	93	86
死亡退職	2	1	5	6	5	5	2	9
分限免職	0	0	3	0	1	0	0	0
懲戒免職	2	2	4	3	4	2	5	3
合計退職者数	102	111	191	209	295	301	315	317
％	0.64	0.61	0.98	1	1.36	1.38	1.32	1.28
全採用者数	15980	18107	19565	20862	21702	21734	23920	24825

ほど変化がありません。2009年度では東京都が87人、神奈川県（横浜市、川崎市を含む）41人、大阪府が37人（大阪市、堺市を含む）、愛知県26人（名古屋市を含む）となっています。

とりわけ東京都はこの4年間（2006年度～2009年度）で、44人から87人と2倍になっており、その増加が際立っています。このうち2006年度44人の中の死亡退職2人はいずれも自殺であり、その遺族によって公務災害申請が出されました（コラム参照）。なお、この2事例以外でも、2003年度に埼玉県、2004年度に静岡県で自殺事件（いずれも小学校教員）が報道されています。さらに、2004年度に「指導力不足」により分限免職処分を受けた3人のうちの1人（京都市の小学校教員）は、「うつ病」になったことなどを理由にその処分の取り消しを求める訴訟を起こして勝訴しています。

（2）初任者教員のメンタルヘルス

こうした中である県（以下A県）の教育委員会は、2006年度より新規採用教職員の条件附採用期間制度の適切な運用を図るとともに、研修及び教員採用候補者選考の改善と充実に資するために採用検討会議を開催しています。筆者は、助言者として毎回この会議に出席してきましたが、この会議における議論から、採用選考における小学校併願制度の変更や初任者研修の負担軽減が検討されて実施されてきました。その結果、A県の新規採用者は増加していますが、2006年度～2009年度の4年間で退職者は減少していることが確認できます。

筆者はA県教育委員会の了解を得て、この3年間の退職者の事例分析を行ないました。なお、そのA県では2006年度22人、2007年度19人、2009年度9人が退職し、3年間で合計退職者は50人になります。このうち小学校教員が27人を占めています。以下の分析においては死亡2人を除く48人の退職者と退職には至らないまでも長期の療養休暇を取得したものを対象としました。

この48人のうち「不採用」を予告されて依願退職したものが2人（いずれも2006年度）、「病気」を理由に依願退職したものが10人です。この10人の「病気」はいずれも精神疾患でした。また、残りの36人の依願退職者は事由別内訳では「その他（自己都合）」に分類されていましたが、いずれも「進路変更」が退職の理由と報告されています。しかし、この36人の中には精神疾患による長期の療養休暇を取ったものが10人も含まれていました。また、療養休暇は取らなかったものの精神科に通院していたものが3人いました。つまり、先の精神疾患による病気のため退職した10人（いずれも長期の療養休暇を取っている）を含めて23人がメンタルヘルス上の問題を抱えていたことが確認できました。このうち小学校教員が12人を占めています。

　さらに、この療養休暇を取った20人をみると、そのうちの15人が3ヶ月以上であり、その全員が最初の療養休暇に続けて延長申請がなされて長期に至っています。また、残りの5人は1ヶ月あるいは2ヶ月の療養休暇取得と退職の日付が一致しているため、病状が回復しないまま退職したと考えられ、療養取得者全員が深刻な状態であったことがうかがえます。

　なお、この退職者も含めて2008年度に長期の療養休暇を取ったものは9人いますが、うち精神疾患は6人です。精神疾患以外の療養休暇取得者は3人とも2ヶ月以内であり、年度内に復職して退職には至っていません。また、精神疾患による療養休暇者6人のうち2人は年度内に復職しましたが、いずれも中学校教員です。こうした分析からは、初任者教員の退職についてはメンタルヘルスという観点から見直す必要があること、またとりわけ小学校教員についてその必要性が高いことがわかります。

文献：『"学校を休む"児童生徒の欠席と教員の休職』（保坂亨・学事出版・2009）

 初任者教員の自殺を公務災害として認定

経過

　東京都の新宿区立小学校の新任教諭Sさん（当時23歳）は、2006年5月27日、自宅で自殺を図りましたが、未遂に終わります。その2日後、精神科を受診し、「抑うつ状態（適応障害の疑い）」と診断され、抗不安薬を処方され、また30日には別の病院でも診察を受け、明らかに精神疾患に罹患していると判断されました。彼女は、この翌日再び自殺を図り、翌朝亡くなりました。彼女のノートには「無責任な私をお許しください。全て私の無能さが原因です。家族のみんな　ごめんなさい。」という言葉が残されていたそうです。

　S教諭は、同年3月に東京都内の女子大学を卒業し、4月から小学校教員として赴任しました。その小学校は、すべての学年が単学級の小規模校で、新任のS先生は、2年生（22人）の担任となりました。学年主任と担任業務のほか、複数の校務を担当しながら初任者研修をこなし、授業の準備やレポート提出に追われ、時間外労働が1ヶ月130時間を超えていたと推測されています。

　クラス担任になってまもないころから、保護者と交換する連絡帳に、宿題や授業に関する疑問や批判がたびたび記載されるようになりました。5月22日には、「……保護者を見下しているのではないか、結婚や子育てをしていないので経験が乏しいのではないか……」等の批判も記載されました。また、他の保護者らからもさまざまな注文や厳しいクレームを受け、S教諭は非常に悩んでいたといいます。しかし、この小学校では、前年度10人いた教員のうち半数の5人が異動しており、学校全体に初任者を丁寧に指導していくゆとりがなかったと関係者が振り返っています。

その後

　ご遺族は、事件から4ヶ月後に自殺の原因は過労とストレスであるとして地方公務員災害補償法に基づき公務災害申請を行いました。遺族代理人の川人博弁護人が記者会見で「教員の多忙化、孤立化に対する教育現場の支援体制が不足している。関係省庁は教員の深刻な健康問題をきちんと取り上げるべきだ」と述べたことが報じられました。なお、同氏は『過労死社会と日本』等の著者であり、早くからこの問題に取り組んできた弁護士です。（さらに、別に同年12月、東京都でもう1人初任の小学校教員が自殺していたことが、同弁護人の会見で明らかになりました。このケースでは、「初任者研修で初年度は試用期間であることが強調されプレッシャーになった」と報じられています。）

　これに対して、翌2007年7月に東京都支部は公務外との認定をしたため、ご遺族は不服申し立てを行うことになります。そして、事件から4年近くたった2010年2月、地方公務員災害審査会が東京都支部長の決定を取り消し、公務災害であるとの裁決を下しました。結局、①単学級での担任や保護者からのクレームなど相当な精神的ストレスがあったこと、②それにも関わらず教員の異動等により十分な支援体制がなかったこと、③教職につく以前にうつ病等の病歴がないことなどの事実が確認され、発症と死亡（自殺）との因果関係があるとされたのです。なお、新宿区教育委員会も2005年4月にこの事件についての対応が不十分だったことを認め、対策会議を設けて再発防止策を盛り込んだ報告書をまとめています。

　第1章で示したようにこうした不幸な事件は稀ではないようです。そうした中、『新採教師はなぜ追いつめられたのか』（久富善之・高文研・2010）は、この事件も含め、3人の初任者教員の自殺を取り上げています。本書も、こうした状況をふまえて、緊急に出版が企画されたものですが、文部科学省をはじめ、教育行政および学校関係者がこうした初任者の厳しい状況を認識して、早急にサポート体制の構築を進めることを期待しています。

第2章
初任者教員へのアドバイス集

1 授業づくり編

　学校生活の7割は、子ども達と向き合う「授業時間」です。初任者教員は、4月の始業式からすぐに、自分で授業運営をしていかなければなりません。

　教育実習の時には、その学級の担任教員が「話の聞き方」「ノートのとらせ方」などの基本的なしつけをしていました。ですから、実習生は授業の中身だけに目を向けていればすんだのです。

　しかし、4月から自分自身が学級経営者になると、一からいろいろなことを教えていかなければなりません。基本的な学習のしつけについて、悩み出すことが多いはずです。そして、各教科の細かな授業内容よりも、各教科に共通する、「子どもとの向き合い方」や「意見のとりあげ方」「ノートのとらせ方」などが気になってくることでしょう。

　また、子ども達をどうやって評価していったらよいのか、通知表を書くに当たって、どんな観点で子ども達と向き合っていけばよいのか、悩みはつきません。

　そこで、本編では、初任者教員がぶつかるであろう12の場面を抽出して、回答例を作ってみました。具体的な書物や教具などの情報も盛り込んでありますので、共感した場合には、参考文献にも当たってみてください。

授業づくり編

1. 子ども達の発言

Q 子ども達がいろいろな意見を言ってくれるのに、収拾できません。みんなの意見をとりあげるには、どうすればよいのでしょうか。

　現在小学校3年生を担任中ですが、授業で、私が発問したことに対して、子ども達がいろいろな意見を言ってくれるのですが、それをどのように収拾して良いのかわかりません。少しでも、みんなの意見をとりあげたいのですが、とりあげていると前に進まなくなってしまいます。この傾向は特に、国語や道徳で多いのですが、どうしたらよいでしょうか？

A 発問のしかたを整理しましょう。

1）発問のしかたは、2種類ある

　発問に対する子どもの反応は様々で、特に中学年は自己主張が強く、自分の言いたいことを発言したがる傾向にあります。子どもの発言が広がりすぎてしまい、その交通整理が出来なくなってしまう原因は、主に教員の発問に起因するでしょう。

　教員の発問には、①「現象の結果や事実を問う場合」と②「理由や思いを問う場合」があります。子ども達の意見が収拾できなくなる場合は主に、②

の「理由や思いを問うこと」が多いと思われます。
　具体的に、国語を例にして考えてみましょう。
　「〇〇はその時、どのような気持ちだったでしょう？」という問いは②の発問に分類されます。このような発問の場合、「気持ちの内容」「なぜそう思ったか」だけを言わせるのではなく、「証拠となる本文の表現」に戻っていくと、子ども達の意見が一定方向に向かっていく傾向があります。

　また、子ども達の意見を大まかに３つくらいのグループに分けていき、考え方を選択制していくことも、意見収束に向かわせる手段の一つです。しかし、この技術は、なかなか難しいので、少しずつ身につけていけば良いと思います。

２）事実を問う発問を意識する
　それでは、日常的に出来る対策はどんなものがあるでしょうか。それは、授業における発問をパターン①の「現象の結果や事実を問う場合」に絞っていくことです。本文の内容に即して、書いてある事実を問う発問をすれば、本文に戻って証拠を示せるのですから、正解は１つに限定されます。まずは、このパターンで授業構成を考え、時折、「理由や思いを問う場合」を問う発問を組み入れて、授業を構成していったらどうでしょうか。

３）ノートに自分の考えを書かせてから発言させる
　子どもの思いつきのみで発言させると、教員自身が考えをまとめる時間をとることができません。子どもに、考えを書かせる時間をとれば、机間指導しながら指名計画を立てる余裕も生まれてきます。この「教員が指名計画を立てる時間」はとても大切です。一問一答式で授業を展開していくと、どうしても〈声の大きな子ども〉〈積極的な子ども〉のみに気をとられ、他の子どもに目がいかなくなってしまうからです。

授業づくり編

2. 作業のスピード差

Q 作業の早い子どもと遅い子どもの差が大きくて困っています。全員が一緒に授業を進めるにはどのような工夫が必要でしょうか

　どの教科にも言えることなのですが、作業の早い子どもと遅い子どもの差が大きくて困っています。早い子どもに合わせれば、遅い子どもは全然進まないし、遅い子どもに合わせれば早くできる子どもが飽きてしまいます。
　全員が一緒に授業を進めていくためには、どのような工夫が考えられますか？

A 教室全体を見回して、全員のスタートを揃えて授業を開始しましょう。

　作業スピードの差は、どの学級でも問題になることです。スピードの差が生まれる原因を解明して、対応していくことが必要です。スピード差の原因には、特に、スタートの遅れにある場合が多いようです。

1) 全員のスタートを揃えているか？
　初任者教員の授業を見ていて感じることは、教員が教室全体に〈目配りしていない〉という点です。教員自身のペースで授業を開始してしまうため、

全員が黒板に集中していないのに、勝手にスタートしてしまう場合があります。ノートが出ていない子どもや隣の友達にちょっかいを出している子ども、後ろを向いている子どもなど、教室全体を見回してから、指示や板書をするように心がけてください。

2）意図的な座席配置

「ものづくり」に関しては、道具を使うということ自体を苦手にしている場合があります。図形を書いたり、立体を作ったり、工作をしたり…。その場合には、助け合いの雰囲気作りを大切にしましょう。早く終わった子どもには、友達にアドバイスが出来て初めて 100 点になることを伝えてください。特に作業の遅い子どもは、作業の早い子どもと隣り合わせにしたり、同じ班にしたりすることも有効です。

3）教員が手伝う

助け合いの雰囲気はまず、教員自身が子どもに丁寧に教えてあげることから始まります。「遅れている子どもには、ああやって接すればいいんだ」ということを先生自身が背中で教えてあげてください。子ども達は、その雰囲気を感じ取ってくれるものですから。

決して「シンちゃんは、いつも遅いね。みんなに迷惑がかかるから、早くしなさいよ！」という対応は、指導ではなく、教員の「愚痴」でしかないことを肝に命じておいてください。

4）変化があったら、すぐに評価をする

授業中の態度で、以前に比べて良い変化があった児童には、その場ですぐに評価をしてあげましょう。「カナエさんは、昨日よりも取りかかりが早くなってすばらしいです！」と、みんなの前で伝えてあげれば、他の子どももそれをまねしようとして、授業への取り組みなどが少しずつ変わってきます。

授業づくり編

3. 新出漢字の練習方法

Q 教科書を進ませながら、
新出漢字を指導する方法を教えてください。

　ワークテストの漢字のまとめの結果が悪くて困っています。新出漢字が多く、漢字学習の時間がとれません。教科書を進ませながら、新出漢字をどのように指導して行けばよいのでしょうか？　先輩教員に聞いても、「漢字が多くて困るのよね…」とおっしゃるだけで困っています。

A 初任者教員のあなただけではなく、教員全体の悩みです。
ここでは、効果的だった方法を3つ紹介します。

　まず、市販テストのまとめ問題のできが悪いのはあなたの学級に限ったことではありません。日本全国、この手の問題で困っているので、初任者教員だけの問題ではありません。だからこそ、あなたの先輩教員も具体的な手立てを教えることが出来なかったものと思われます。
　しかし、全く方法がないわけではありません。私が試してきた方法の中で、効果的だった方法を3つ紹介します。

1）下村式口唱法

漢字の要素を24個に分けて分類し、漢字練習をするときに、その要素の名前を唱えながら、漢字を練習していきます。

ただひたすら、漢字ノートに書き取りを行うのではなく、書き方を唱えながら書いていくことによって、漢字のイメージが広がっていきます。

（例：ヨの中長く、横2本、たてぼう書いたら、漢字の日　→　書）

この方法は、子どもの興味を引きつけ、漢字に関する関心を高めていきます。この紙面では解説不足ですので、以下の本を参考にしてください。

文献：『文字に強い子どもはことばに強くなる』（下村昇・自由国民社・2003）
『ドラえもんの国語おもしろ攻略歌って書ける小学漢字1006』（下村昇・小学館・2000）

2）漢字ビンゴ方式のよる漢字指導

漢字練習の極意は、いかに集中させて児童に漢字を書かせるかです。そのために、漢字練習をゲーム化して行うことも効果的です。私は長年、漢字ビンゴ方式を取り入れて、漢字への興味関心を高めることに成功しています。

まず、4×4マスのビンゴ用紙、又は3×3のビンゴ用紙を使って、その中に漢字を書き込んでいきます。教員は、漢字カードを作っておき、全員が書き終わったら漢字カードを引いて、漢字ビンゴを楽しみます。

もっと具体的な方法を知りたい方は、以下の参考文献に当たってください。

文献：『たのしくドリル・マッキーノ』（「たのしい授業」編集委員会・仮説社・2011）

3）国語の時間に、毎日5題ずつ漢字練習

漢字練習は、一度にやるとだれてしまいます。そこで、国語の時間の初めには必ず新出漢字を5題紹介する、と決めてみてはどうでしょう。

その練習時間も5分と決めて練習させます。そして、授業の終了時には、その5題テストを行うのです。国語の時間に時間がとれないようなら、朝の会で練習し、帰りの会で5題テストするというサイクルでも良いでしょう。

1 授業づくり編

4. 所見を書くときのポイント

Q 所見を書くとき、どんな書き出しが良いのか迷ってしまいました。どんな手順で行えばよいか教えて下さい。

通知表の時期になって、子ども達の所見を書こうと思ったのですが、どんなことから書き出して良いのか、ペンが止まってしまいました。成績処理をしていく時に、どんな手順で書いていけばよいのか、その手順を教えてください。

A 2週間くらい前に「観点表」を作成し、所見の下書きを書く日を設定しましょう。

所見を書くのは大変な仕事です。授業運営や事務処理、生活指導で毎日が忙しい中、成績処理は「評価」「評定」が入ってきて地獄の忙しさになります。

1）通知表のための「観点表」を作成する

そこで大切なことは「見通しを持って成績処理をする」ということ。成績処理週間になってから仕事を始めるのではなく、その2週間くらい前には、一度、所見の下書きを書く日を設定しましょう。その下書きも、次のような

通知表書き観点表なるものを作って、行うことをお薦めします。

　下記の表の横軸には「子ども達の名前」が、縦軸には「所見書きの観点」が書かれています。「所見の観点」は、自分がこの期間、こだわって見てきた項目を入れてみましょう。通知表下書きの２週間くらい前に、このようなチェック表を作っておきます。

所見を書くときのポイント

観点＼名前	秋山恵子	井口博	上野俊也
① 係活動	黒板係 活躍	配り係 良し	
② 友人関係	おもいやり	トラブル	
③ 宿題、整頓			毎日提出
④ 芸術教科	リコーダー 良し		
⑤ 発表、ノート		字が美しい	論理的発言

　たとえば、秋山さん－係活動で思いつくことをその欄にメモ的に入れるのです。思いつかないときは空欄。このようなメモを作ってみて、どの子に空欄が多いかをまずチェックしておきます。所見のペンが進まない子どもは、普段の生活で教員とのふれあいが少ない子どもかもしれません。そこで、本番の所見書きまでの間に、その子どもにポイントを絞って学校生活を観察して行きます。

　平等に振る舞っていると思っても、印象の強い子どもと印象の弱い子どもがでてきてしまうことは仕方がありません。大切なことは、所見を書く前にその事実をチェックし、意識的に子どもを観察する時間を確保することです。見通しを持った仕事は、通知表などの作業時間を短縮させてくれます。

授業づくり編

5. 授業開始の円滑化

Q どうすれば、授業をスムーズに開始出来るのでしょうか?

　授業の始まりに、なかなか席に着かず、それを注意しているとどんどん始まる時間が遅くなります。
　日直に号令をかけさせているのですが、日直の指示に従わず、身の回りがごちゃごちゃになっている子どもがいて、授業どころではありません。どうすれば、授業をスムーズに開始することが出来るのでしょうか?

A 授業開始の定番メニューを設定してみましょう

　授業の始まりの号令。これは、必要だと思いますか? 教員によって意見が分かれるところですが、このような状態の時には、かえって、日直の号令を無くした方が良い場合があります。

1) 授業の開始に魅力ある教材を！
　ざわついていたり、注意が散漫であったり、話し声が多いということは、そこに注目に値する事柄がないことを示しています。
　このことは、授業の運営にも係わることですが、私がよくやる手は、授業の開始に何をやるかを決めて、定番メニューを設定することです。

具体的に言えば次のような感じです。

> ①国語…授業開始5分間は本の読み聞かせをする。
> ②社会…都道府県ジグソーパズルを黒板に貼っておき、日直に挑戦させる。
> ③理科…ビデオ映像や写真を用意して、テレビに注目させる。
> ④算数…「ジャマイカ」（トモエそろばん）という数字教具を利用して、四則計算の練習をする。
> ⑤音楽…前時に習ったリコーダー演奏。
> ⑥体育…準備運動の手順を教えておき、先生が行くまでに完了させる。
> ⑦図工…5分間スケッチ指導を毎回おこなう。

「授業開始に何を行うか」の見通しを子ども達が知っていれば、次の作業を予測できるようになります。すぐに切り替えが出来なくても、「授業の開始に楽しいことが待っている」という意識を持たせることは、子ども達が主体的に動く意味で、決定的に重要です。

形で規律を作っていく指導も必要ですが、「授業の質を変える」「開始の定番メニューを作る」という発想で対処してみてはいかがでしょうか。

2）行動スイッチの切り替えを意識させる

子どもにけじめをつけさせるには、〈行動スイッチの切り替え〉を意識させる必要があります。テレビのチャンネルをイメージさせて、「みなさん、休み時間モードから、勉強モードにスイッチを変えましょう！」と、モードチェンジを意識させる指示を行ってみましょう。スイッチの切り替えが早くできるようになることが、成長の証であることも伝えていきましょう。

1 授業づくり編

6. ノートをとらせる方法

Q 授業に集中せずに、ノートを書かない子どもがいます。ノートをしっかりとらせる方法はありますか？

　授業に集中せずに、ノートをしっかりと書かない子どもが何人かいます。書くスピードも遅いので、なかなか新しく習ったことが定着しません。授業中にその子どもに合わせていると、授業が進まない状態です。ノートをしっかりととらせる方法はありませんか？

A 全員が同時に書き終える作業の訓練をしてみましょう。

1）先生と同じスピードで書く訓練を意識させる

　私が学級を持った時、特に心がけることがあります。それは、「授業中に先生が書く学習問題を、先生より早く書き終える訓練」です。小学校の授業の場合、どの教科でも授業の始まりに、「学習問題的な課題」をノートに書くと思います。それは、毎時間行うことですから、上手にドリルすれば、書く力が確実に向上していきます。自分でもノートを早くとることができるという事実を知れば、作業をより早く済まそうという意欲にもつながります。

2）具体的な進め方

　…これから、今日の問題を書くから、皆さんは先生よりも早く書くことができるように努力してください。ただし、先生が書いてから書くのでは、皆さんの方が遅くなります。先生は最初に、問題を声に出して読みますから、皆さんはそれを聞きながらノートに書いてください。

　このように言いながら、できるだけゆっくり板書します。「太郎君は50円のあめ玉を5個と…」というように、文章一区切り言ってから先生は板書します。子ども達の進行状況を観察しながら、集中していない子どもを促します。実態によっては、もう一度文章を読んであげます。最後まで書き上げたとき、周りを色鉛筆で囲むのですが、「さあ、先生も色チョークで囲むよ。先生より早く定規を置くことができたら合格だ！」といって、ゆっくりと線を引き始めます。子ども達の定規を置く音が聞こえます。そしておもむろに、子ども達の方を向きながら「問題を書き終えた人！」と問います。子ども達は「はい！」といって自信ありげに手を挙げることでしょう。その後、机間指導をして、きれいに書けている人を評価してあげます。

　まずは、学習問題をクラス全員が同時に書き終える作業の訓練から、行ってみてはいかがですか？

3）変化を見逃さない

　この実践を日々繰り返しながら、書くスピードが変化した子どもや、とてもていねいに書けるようになった子どもを意識的に取り上げて、みんなの前でほめてあげましょう。時には、実物投影機を使って、良くなった子どものノートを学級のみんなに紹介することも、子どもの意識を高める良い方法になります。子どもも、「過去の自分よりも、現在の自分の方が進歩している」ということが具体的に分かれば、自分自身で努力するようになります。ノートをこまめに集めて、良くなった点を評価してあげましょう。

授業づくり編

7. 週案の活用方法

Q 週案はどのように活用するのでしょうか？
また、何のために書くのでしょうか。

週案を提出するように言われるのですが、反省などを書く時間がとれず、どんどん溜まってきてしまいます。週案は何のために書くのですか？反省を書くことは必要ですか？

A 週案は、人のために書くのではなく自分のために書きましょう

　私も初任者教員の頃、週案の提出を強要されて苛立つことがありました。人から提出を強要されると、やる気がなくすことがあります。
　しかし、「週案」はそもそも、行き当たりばったりの授業をしないために書くものであり、それはとりもなおさず、自分自身が見通しを持った授業運営する指針であるはずです。そう考えると、「管理職のために書く」のではなく、来週の授業予定を自分の為に書くのですから、やって当然の仕事となります。

１）授業計画は休日にまとめて考える
　１週間の予定を立てるのは、大変なことです。週案には、次の事項を簡単

に書く程度でよいでしょう。

週案の活用方法

		月		火		水
1	国語	新出漢字練習と、口唱法による指導	算数	わり算の意味を明確にする指導	体育	逆上がりの実態調査と50Mタイム
2	理科	昆虫の足の数について知る	社会	東西南北を定着させるための練習問題	音楽	「エーデルワイス」の二重奏テスト

　この程度なら、1週間分の授業計画を書くことは、初任者教員でもできるはずです。週案はそれほど多くのスペースはありませんので、この程度で十分です。週案で一番大事なことは、「法律で定められた教科の時数をしっかりと行っているか」ということですから、時数管理を中心に利用すればよいでしょう。

2）反省欄はポイントを絞ってダラダラ書かない

　反省欄を書くのであれば、ダラダラ文はやめましょう。書く観点を決めておいて、その中のどれかに絞りましょう。

```
①変化の著しかった児童の行動内容
②うまくいった教科の実際の様子
③保護者からのお便りや相談事
④今週一番大きかった問題行動
⑤教科経営や学級経営で悩んでいること
```

箇条書きで整理できれば、自分の実践記録にもなります。

1 授業づくり編

8. 授業中の立ち歩きなどへの対応

Q 授業中に立ち歩いたり、教室を抜け出してしまう子どもがいます。どのように対処すればよいのでしょうか。

　授業中に立ち歩いて他の子どもにちょっかいを出したり、わからない問題があると教室を抜け出して行ってしまう子どもが2人います。
　子どもを追いかけていくと授業は進みませんし、放っておけば所在がわからなくなります。このような問題に、どのように対処すればいいですか?

A 「もっと僕のことを見て欲しい」
という注意獲得の行動である場合が多いです。

　「ちょっかい」「抜けだし」「迷惑行為」などの行動は、その行為を行っている子どもが〈もっと僕のこと見て欲しい〉という「注意獲得行動」である場合が多いです。この仮説に基づくならば、その児童への共感や理解をもっと増やしていく対策を取るべきです。といっても、授業中には、担任が1人であれば、その子にかかわってばかりもいられません。教室からの抜け出しが頻繁である場合には、フォロアーを要請しましょう。また少しの変化を見のがさず、良くなったところをどんどん評価していきましょう。

１）教室の抜けだしが頻繁である場合
－フォロアーの要請と避難場所の確認－
　この場合には、クラスへの支援者を要請する必要があります。管理職教員の方に相談して、児童が落ち着くまで、教室に見に来てもらいましょう。また、それが出来ない場合には、教室を抜け出したくなった場合には、保健室や校長室など、避難場所を決めておくことも大切です。徘徊をさせるのではなく、気分を落ち着かせる居場所を子どもと話し合っておきます。（もちろん、校長や養護教諭には事情を話しておきましょう。）

２）他の場面で、その児童の良いところを発見する
　基本的に「注意獲得の行動」なのですから、その子どもの得意分野でたくさん子どもと接してあげること。特に、休み時間に一緒に遊ぶ中で、上手なことや、感心したことをたくさんほめてあげましょう。そして、先生との距離を授業以外の場で、どんどん縮めておくことです。

３）良いこと報告を保護者の方にする
　こういう子どもは、今まで「ほめられた経験が少ない」はずです。保護者の方も、学校からの連絡というと「またか…」という感じになっているはずです。そこで、良い情報、少しの変容を見逃さず、「良いこと情報の伝達」を意識していきます。保護者が変わると、子どもも変わる場合が多いのです。

４）ステキ手紙作戦
　保護者への連絡は「連絡帳」「電話」「家庭訪問」などが一般的ですが、時には「ステキ手紙作戦」も効果的です。1枚のはがきに、良かったことを書いて投函するのです。教員から届いた良いお知らせのはがきは、家でも食卓の話題になることでしょう。うれしい手紙は、何度でも読み返すことができるので、本人にとっても宝物になるはずです。

1 授業づくり編

9. 話を静かに聞いてもらう方法

Q 教室が騒々しくなって仕方がありません。
話を聞いてもらえるには、どのようにすればよいのでしょうか。

　授業中に手いたずらをしていたり、隣の子どもとおしゃべりをしていて、教室が騒々しくなって仕方がありません。きちんと、話を聞いてもらいたいのですが、注意してもその瞬間だけで、騒々しくなります。どうしたら、私の話を聞いてくれるようになるのでしょうか？

A 第一に、子ども達が聞きたくなるような学習内容を
用意しましょう。

　原則の1番目は、聞きたくなるような学習内容を用意することです。すべての授業で達成することは不可能かもしれません。しかし、この先生の話は、楽しいときもあるという印象を持ってもらうことは、1年間一緒に学習していく上で、とても大切な先入観となります。どうやって、その時間を作り、どんな内容を提示するのか？　これは、「5　授業の開始の円滑化」(32 P参照)と、共通の面がありますので、そのほかの手立てを紹介することにします。

1）作って楽しい「ものづくり」

　ものづくりは、「話を聞かないと、上手く作れない」授業の1つです。また、「先生から教えてもらった物は、今までの工作より楽しい」という経験と積み重ねていくと、「上手く作りたいから話をしっかり聞こうとする」という態度に変身していきます。そして、その態度をその瞬間に、ほめていくことが良いでしょう。

　具体的なものづくりとしては、べっこう飴作り、プラ板遊び、ポップコーン、紙ブーメラン…など、『ものづくりハンドブック』シリーズ（仮説社）に載っている工作がお薦めです。

2）『教室の定番ゲーム』（仮説社）を使う

　学級活動の時間を使って、『教室の定番ゲーム』に載っているゲームを企画します。楽しいゲームをするためには、しっかりとルールを共有する必要があることを知らせます。手いたずらやおしゃべりが終わるまで待ってから説明しましょう。そして、ルールを守ったり、教員の話を聞くことが、ゲームを楽しくするためには必要なことであることを知らせていきましょう。

3）話を聞かせるには、目的を実感させよう

　話を聞かせるには、〈その話の裏にある「得する情報」を得るため〉という目的を教え、楽しい経験を積み重ねていくことが基本になるのです。説教だけでは、目的を実感させることが出来ません。

4）具体物を持って教室へ

　授業に具体物を1つ持って行くだけで、子どもの関心は高まります。普段見慣れているものでも、教室で改めて見直すと、新しい発見があります。たとえば、花と実の勉強をしているときに、普段、見慣れているはずのリンゴ1つ持って行くだけで、授業への集中度が変わってきます。

1 授業づくり編

10. 子どものほめ方

Q 子ども達をどうやってほめればよいのかわかりません

指導員さんから「もっと子ども達をほめて育てなさい」と言われました。でも、どうやってほめればよいのかわかりません。

A 目的や場面をしぼって、子どもを観察しましょう

1）教員は常に子どもを「評価」している

　子どもから見れば、学校生活のあらゆる場面で、教員から評価を受けて生活していることになります。教員が自分の意に沿わない場面ばかりに目をつけていれば、必然的に、子どもに発する言葉は「否定的」なものになるでしょう。

　しかし、子どもの個人内の変化に目をつけるためのアンテナを高くはれば、昨日のケン君とは違うケン君の発見に気づくことが出来るようになります。

　教員は、学級王国の中にいるので、自分の思い通りにならない子どもへの愚痴を多く語りがちになるのですが、その愚痴をいくら繰り返しても、子どもの行動変容にはつながりません。子どもはなかなか自分の変容を自分で理解することが出来ないでいます。その手伝いをするのが、教員の仕事です。だからこそ、「個人内の変化をキャッチするアンテナ」が必需品です。

変化をキャッチした時に、その子どもに伝える事はもちろんですが、他の場面で学級や保護者に伝えることも、重要なほめ方と言えるでしょう。

2) どのようにして子どものステキな面を伝えていくか

> ①個人内の変容があった時、直接個人をほめる。
> ②連絡帳に書いて、保護者に知らせる。
> ③帰りの会や、朝の会で「私は今日、こんなこと　に感動したよ」と、学級全体に広める。
> ④保護者に直接電話をして伝える。
> ⑤良かったことをはがきに書いて自宅へ送る。
> ⑥「学級通信」を通して、良かったことを伝える。
> ⑦他の教員から、何気なくほめてもらう。
> ⑧校長先生からほめてもらう。

3) 休み時間は、子どもと関わる絶好のチャンス！

休み時間や清掃の時間など、授業以外のところで子どもと係わる時間を意識的にとりましょう。子どもは、授業以外の場面でいろいろと違う顔を見せます。休み時間にふれ合うことによって子どもの違った面が見えていきます。

4) 学期末に「変身者ベストテン」のアンケート

教員だけの目線ではなく、友達同士で評価する機会を作ることも必要です。学期の終わりに「学級の中で、今学期活躍していた人は誰ですか」などの項目を作って、子ども達の意見を聞いてみましょう。違った角度からの良い面を、子ども達が教員に教えてくれることでしょう。

1 授業づくり編

11. 整理整頓の指導方法

Q 身の回りの整理整頓が出来ない子どもがいて、授業が始まりません。

　身の回りの整理整頓ができない子どもがいて、教室がゴミだらけです。机の中もぐちゃぐちゃで、授業の開始は片付けから始めなければなりません。身の回りの整理整頓ができなければ、授業を始めることができません。身の周りの整理整頓をさせるには、どうしたらよいでしょうか。

A まずは、いらない物は持ち帰らせましょう。

整理整頓ができない児童は、次のような点で共通しています。

> ①引き出しに、余分な物が入っている。
> ②手紙やプリントを持って返っていないため、引き出しの中がゴミ箱状態になっている。
> ③鉛筆や消しゴムなどの文房具類が乱雑に引き出しの中に入っていて、すぐに取り出せない。
> ④机の脇に、いろいろな物がかかっている。

1）週末に、机整理タイムを設定する

　逆に言うと、①〜④までの事が起こらないように、学級で定期的に「机整理タイム」を行うと効果的です。

　金曜日の5時間目（6時間目）を学級活動に指定しておいて、学級活動の残り10分間を「机整理タイム」にあててみたらどうでしょう。

2）忘れた物は、基本的に教員が貸し出す

　身の回りの整理ができない子どもは、忘れ物も多くなりがちでしょう。「机整理タイム」で品物が少なくなっても今度は、必要な物が用意されていなくて、授業ができない問題も発生していきます。そんな時は、指導は短くして、教員が品物を貸し出し、授業を進めることを優先します。授業中にグチャグチャ指導しても、周りの子どもが迷惑するだけです。

　忘れ物に関しては授業時間終了後に対策を考えます。授業時間では、授業内容の充実に力を入れた方が、大多数の子ども達の為になるというものです。

3）他の場面で良い面を見つける

　整理整頓が1回でできるようになるわけではありません。「まだできていない…」と思うのではなく、違う場面でその子どもとの接点を見つけ、他のところでプラスの評価をしてあげましょう。子どもとの信頼関係を他の場面で作っていくことが、整理整頓の場面でも効果を発揮していくことにもつながります。

4）少しの変化でも保護者に伝える

　過去の状況よりも少しでも変化が出てきたら、積極的に保護者に伝えていきましょう。整理整頓ができないことはとても目立つので、教員が完璧を目指しがちです。しかし、小さな変化を評価していき、保護者にその変化を伝える事で、本人の意識を変えていくことができるでしょう。

1 授業づくり編

12. 授業計画、授業準備

Q 授業計画と準備は、いつ行えばよいのでしょうか？

毎日やることが多く、授業の準備が出来ません。授業計画をいつ立てて、授業準備はいつやればよいのでしょうか？

A 授業計画は、単元の概要をつかむために教科ごとに「研究ノート」を作成してみましょう

1）教材研究ノートにポイントを短的に書く練習をする

　授業計画については、「週案」の質問事項の欄で書いたように、週末を利用して1週間分の週案を作成します。しかし、週案には一言しか内容を記述していませんから、それでは、具体的な授業イメージがわきません。

　そこで、各教科ごとに教材研究ノートを作り、そのノートに下記の3点だけを記入しておきます。

---

① 「主発問や素材または目標」…どんな素材を使って、どう発問するか
② 「図や板書」……………………図や具体物をどのように提示するか
③ 「まとめの文」…………………最低限おさえたい内容は何か

できれば、その単元全体の発問集ができると、その後がかなり楽です。教科書を見ながら、単元の概要をつかむには、左記の３項目をメモしていくと、頭に入りやすいです。例として、「単位あたりの量」の教材研究ノート（簡略版）を次に示します。

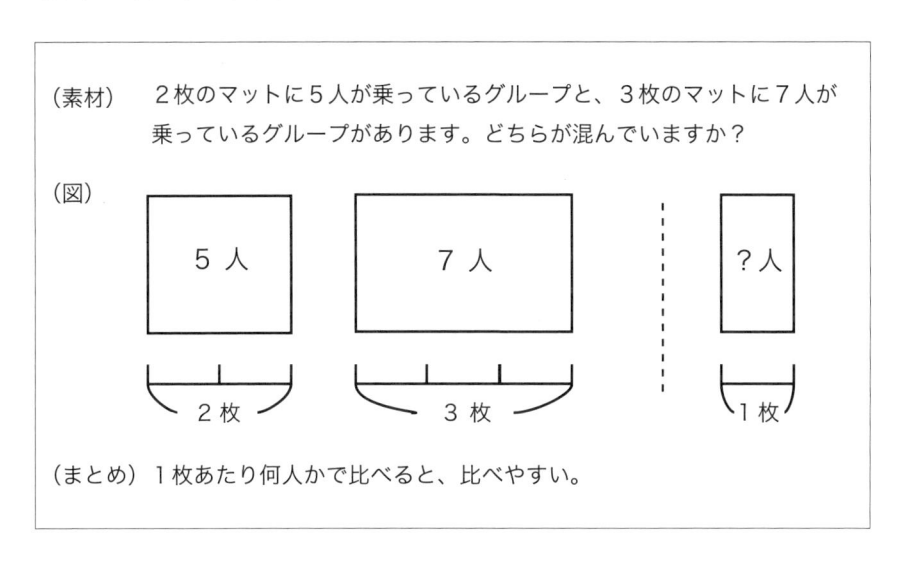

（素材）　２枚のマットに５人が乗っているグループと、３枚のマットに７人が乗っているグループがあります。どちらが混んでいますか？

（図）

```
┌─────────┐  ┌───────────────┐   ┊ ┌─────┐
│         │  │               │   ┊ │     │
│  ５人   │  │     ７人      │   ┊ │ ？人 │
│         │  │               │   ┊ │     │
└─────────┘  └───────────────┘   ┊ └─────┘
  ╲___╱        ╲_____╱              ╲_╱
   ２枚          ３枚                 １枚
```

（まとめ）　１枚あたり何人かで比べると、比べやすい。

　各教科、教材研究ノートにこのようなメモを残しておくと、授業が予定通り進まなくても、全体を把握することができているので、慌てなくてすみます。単元全体の素材集ができると、落ち着いて授業に臨むことができます。

２）学校の隙間時間を活用する

　また、このノートを元にして、学校の隙間時間（休み時間、会議までのちょっとした時間、部活終了後のお茶のみタイム…など）を使って、必要な道具をノートに書き出したり、必要な品物がわかっている場合は、隙間時間に、学校の教材室に行って必要な教具を確保します。理科の予備実験は、金曜日の放課後などのまとまった時間を利用しましょう。

2 学校生活編

「あいさつの指導をどうしよう」「給食の指導をどうしよう」…。

授業はもちろんですが、「授業以外の指導の大切さ」を感じてはいないでしょうか？ 誰もが直面する課題の一つです。このような課題に対しての具体的な指導のしかたは、大学ではなかなか教わらないことです。

そこで、本編では、「学校生活の1日」をイメージして、朝から帰りまでに出会いそうな場面（課題）とその対応をQ&Aで示しました。

朝の挨拶指導や歌の歌わせ方などから始まり、休み時間の指導、給食指導、清掃指導、帰りの会の指導などにも悩むことはあります。時には、保護者から連絡帳や電話で「相談」「苦情」がよせられ、その対応に苦慮することもあるでしょう。

考えてみると、教科指導よりもたいへんな指導・対応なのではないでしょうか。

この課題解決のためには、基本的な指導のしかたや対応方法を知り、それを自分なりにアレンジしていくことが大切です。

この章では、みなさんが学校の日常生活場面で、直面しそうな課題について採り上げ、指導方法・対応方法を具体的に紹介しています。

「備えあれば憂いなし」

基本的な課題への考え方と対応方法を学び、実際に自分で試してみてください。きっと、本編のアドバイスがあなたの役に立つはずです。

そして、子ども達と今以上に楽しく秩序のある学校生活を送ってください。

2 学校生活編

1. あいさつの指導

Q あいさつの指導が、なかなか上手くできません。

あいさつの指導に力を入れています。もう少し気持ちの良いあいさつをさせたいのですが、なかなか上手くできません。どのように指導したらよいでしょうか。

A まず教員の方から明るくあいさつしましょう

あいさつは人間関係作りの基本であり、コミュニケーションを図る上で最も大切です。しかし、「あいさつをもっと気持ちよく」と指導するだけでは気持ちのよいあいさつはできません。ではどうしたらよいでしょう。

1）明るいあいさつは、まず教員から

みなさんは自分から明るいあいさつをしていますか？ 子ども達ができないとついつい指導になりがちで、自分もあいさつが明るくできていないものです。まずは教員の手本から。明るく「おはよう」と声をかけ、返してくれたら「うれしいなあ」「大きな声だともっとうれしい（笑い）」など、子どもも自分も笑顔になれるかかわりを心がけましょう。そして、「できている子をほめる」ことが大切。笑顔で「いいあいさつだね。うれしいなあ。」と声

をかけましょう。子ども達も自分も元気になれます。

2）楽しい「合い言葉」から

　自主的に楽しんで、あいさつをするには、「合い言葉」があると効果的です。例えば、「〇年〇組、明るいあいさつ　あ・い・う・え・お」（あ＝相手をみて　い＝いつも　う＝うんと　え＝笑顔で　お＝大きな声であいさつしよう）など合い言葉を考え、教室に掲示し、常に意識させるとよいでしょう。また、楽しい「合い言葉」には「あ・い・さ・つ」（あ＝明るく、い＝いつも、さ＝先に、つ＝続ける）もあります。

3）よい手本を保護者とともに！

　あいさつの習慣化には、家庭と協力することが必要です。懇談会や学級便りであいさつに重点を置いていることを知らせ、家庭に協力を呼びかけましょう。始めたら、「目と目を合わせてあいさつができる子がふえた」「自分からあいさつができた」など変容を保護者に伝えることが継続の秘訣です。

4）あいさつの大切さを教えたり考えたりする

　低学年は、絵本を活用するとよいでしょう。あいさつの仕方や言葉を紹介した絵本は多く出版されています。本屋さんや図書館で気に入ったものを探してみて下さい。高学年では、あいさつの大切さについて考え、話し合う場があるとよいです。「なぜ、うまくできないのだろう？」と投げかけ話し合うこともよいでしょう。

　あいさつの指導は、習慣になるまで、子どもの実態に合わせた取り組みを根気強く取り組んでいくことが大切です。あいさつも「継続は力なり」です。

　あいさつがうまくできない子どもや様子が気になる子どもには、個別に話を聴き、サポートすることも大切。あいさつの変化がSOSのサインの場合もあります。

学校生活編

2. 忘れ物が多い子どもへの対応

Q 忘れ物が多い子どもに、自覚をさせて忘れ物をなくすようにするためにはどのような指導が良いのでしょうか。

いつも忘れ物が多い子どもがいます。連絡帳をしっかり書かせても、忘れ物がなくなりません。保護者に電話でお願いするのも、毎回では気が引けてしまいます。周りの子どもたちも、「マモル君は忘れ物が多い子ども」という目で見るようになってしまいました。本人が自覚して忘れ物をなくすようにするためには、どのように指導したらよいのでしょうか？

A まず「忘れ物カード」を作成して、忘れ物を自覚させましょう。

忘れ物の多い子どもは、どの学級を担任しても必ず1人や2人はいるものです。でも、子どもが忘れ物をするたびに叱るだけでは、お互いにいやな思いをするだけで解決策にはなりません。子ども自身が「忘れ物をなくそう」という気持ちになるような指導を心がけていきたいものです。

1) 忘れ物を記録することで、自分が忘れた物を意識させよう！

まず、今日自分は何を忘れたかを意識させるために「忘れ物カード」を作りましょう。忘れた物だけを書かせるのではなく、忘れた物がない時は「な

し」と記入させてご褒美のシールを貼ります。こうすることで、特に低学年はシールをもらおうと頑張ることでしょう。先生の印の他に保護者のサインの欄を作ることで、保護者も毎日我が子の忘れ物を把握することができます。作り方は板目表紙を二つに折り、台紙にしてカードを貼るだけです。記録に残りますから、通知表の生活面の評価にも役立ち一石二鳥です。

2） 大切な持ち物は、全員が持ってきたらご褒美を作って評価しよう

　習字道具や図工の材料など、忘れてしまうと授業に支障が出る物に関しては、「全員忘れ物がなかったら〇〇しましょう。」とご褒美を作っておきます。ペットボトルにビー玉を貯めていき、いっぱいになったらみんなで遊ぶなどでもよいでしょう。忘れたことを叱るより、全員持ってきたことをほめる方が子どもにとっては効果があるものです。

3） それでもどうしても忘れ物がなくならない子どもには……

　これだけやってもいっこうに忘れ物がなくならない……という子どもは、特別な支援が必要かもしれません。保護者にその子どもの状態をきちんと説明し、連携して支援していくことが必要です。持ち物や宿題は必ず連絡帳に書かせ、保護者に確認してもらえるようにお願いします。また他の子ども達からは、その子どもが「忘れ物の多いダメな子ども」という見方をされないようによさをほめるなど教員が配慮していくことも大切です。

4） どうしても保護者の協力が得られない場合には……

　コンパスや三角定規、彫刻刀など、学習に必要な物を学年便りなどで事前にお願いしても、なかなかそろえてもらえない子どももいます。そんな時には、教員が予備の物を用意しておいて、そっと貸してあげましょう。いろいろな家庭の事情がある中で、子ども達は頑張って学校に来ているのです。できる限りのサポートはしてあげたいものです。

2 学校生活編

3. 朝の会の歌唱指導

Q 朝の会の中での「朝の歌」の指導が上手にできません。
元気で大きな声で歌わせるにはどうしたら良いのでしょうか。

　朝の会の中で「朝の歌」のコーナーがあります。隣の学年主任の学級は大きな声が響いていますが、自分の学級の子はなかなか大きな声で歌ってくれません。どうしたらよいでしょう。

A 朝から体を動かして、声を出やすくしてみましょう。

　朝の会で大きな声で歌うのは気持ちのよい1日のスタートになりますが、なかなかできないにくいことでもあります。隣の学級からきれいで大きな声が聞こえてくると焦ってしまうのも無理はありません。急には変わらないかもしれませんが、次の指導を参考にしてください。

1）声を出すことに慣れさせよう
　朝から体を動かし声を出す習慣をつければ、声は出やすくなります。「早起き朝ご飯朝運動」とともに生活のリズムを整えることも大切です。
　まず、朝の挨拶の後、深呼吸後に声を出す練習をしましょう。ゆっくり「息を吸って、吐いて、吸って、'おー'」と口の中に卵が入っている気持ち

で、口を開けさせます。「お」は口腔内の響きを作りやすく「小さな'おー'」「大きな'おー'」「もっと大きな'おー'」と大きさに変化もつけてから歌ってみましょう。

　その後の発声練習は、音楽専科教員の方に相談してアドバイスをいただき、継続するのが一番。子どもも教員も力がつきますよ。

2) 息を合わせて、声を合わせて、心を合わせよう
　「息を吸うタイミング」が揃うと、気持ちよく歌えます。ブレスの前に必ず先生が声をかけてください。息や歌の出だしが合ったかどうか、録音したものを聴くとわかります。しだいに子ども達も耳や身体でわかるようになります。心をひとつにして歌うことができるようになると、自分達の歌声が心地よいものになります。

4) 指導法を学ぶ講習会や研修会に参加してみよう
　市や県の教科研修等もたくさんあると思いますが、教育雑誌やHPなどで様々な講習会・研修会が紹介されています。何曲も覚えられるだけでなく、歌い方・指揮の指導も学べますし、楽譜集やCDも豊富に紹介されています。自分自身が歌の引き出しを沢山持っていると、子ども達も歌が好きになり、歌が宝物の学級へと変わっていくでしょう。

4) 歌以外の課題があることも
　「大きな声で歌わない」という問題があるときは、技術的な課題だけでなく、学級のまとまりの問題であったり、気持ちが沈みがちだったりすることもあります。楽しく明るい学級を目指して心をひとつにできる活動や子どもたちが好きな「学級だけの楽しい歌」から始めることも一つの方法です。「くちびるに歌を！　心に太陽を！」

2 学校生活編

4. 外遊びのすすめ

Q 外遊びをすすめる良い指導法を教えてください。

子ども達の健康な身体づくりと人間関係づくりのために、休み時間には外遊びを薦めているのですが、なかなか外に遊びに行かない子ども達がいます。声はかけているのですが、なかなかうまくいきません。どのように指導したらよいでしょう。

A 担任が一緒に遊んでみたりして、外遊びの魅力を体験させましょう

「外で元気に遊ぼう！」と声かけをしても「ひとりで本が読みたいから」「お絵かきが好き」「休み時間は自分の気ままに過ごしたい」等の理由で、なかなか外で遊ぼうとしない子どもがいます。その子ども達の気持ちを考慮しながら、外遊びを活発にするにはどうしたらよいのか悩むところです。

1）たくさんの遊びを体験させ、外遊びの魅力を味合わせよう

まず、「外で遊ぶのがおもしろい。楽しい！」と思ってもらうことです。そのためには、体育の時間（学級活動）にさまざまな楽しい遊びやゲームを取り入れてみましょう。

遊びは、ドロケイ・ドッジボール・サッカーなどワンパターン化してはい

ませんか？ 昔からある遊びのほか、整列ベースボール（ボールを捕った人の後ろに守備側が全員並ぶ）、ディスクドッヂ（ボールの代わりに柔らかいドッヂビーという用具を使う）など、新しい「魅力的な遊び」を取り入れるのも方法です。各種書籍やインターネットなどで「外遊びの情報収集」をし、学級の実態に応じた遊びにチャレンジしましょう。ルールがシンプルで、運動が苦手な子でも、楽しめるものが長続きします。

2）担任教員が外遊びが苦手な子どもに声をかけていっしょに遊ぼう

もっとも効果的なのは、「教員が率先して遊ぶこと」です。休み時間も忙しいのはわかりますが、教員もできるだけいっしょに外で遊びたいものです。その際、いつも室内で遊びがちな子どもに「先生はミキさんといっしょに外で遊びたいな」と声をかけ、サポートすることが大切。遊びや運動が苦手な教員でもいっしょに外に出て、声をかけたり、応援したりすることでも効果はあります。外遊びの時間の共有は「子ども理解」にもつながります。

3）「今日はいっしょに遊べて楽しかった」のコメントを

さらに、遊んだあとに「今日はリカさん達とも外で遊べて楽しかった」などと担任教員が笑顔でコメント（肯定的評価）することが大切です。遊びの中での活躍や発見などを具体的に話しましょう。子どもたちは担任教員のコメントはとてもうれしいもの。自信にもなりますし、信頼関係の構築・強化にもつながります。「アフターケア」は大切です。

その他、「火曜日の昼休みはみんなで外遊びをする日」など、指定してみんなで遊ぶ体験を増やす方法もあります。回数や曜日・遊び等は子ども達と話し合って決めましょう。

はじめは渋っていた子どもも楽しい遊びの体験を通しながら、外遊びが好きになったケースはたくさんあります。まずは、教員が率先して楽しい外遊びのリーダーになりましょう。

2 学校生活編

5. 偏食が多い子どもの指導方法

Q 偏食が多かったり、給食を残す子どもへの指導方法がわかりません。

給食の指導で、偏食が多く、給食を残す子どもがいます。どのように指導したらよいでしょうか。

A「偏食がよくない」という理由を、
きちんと教えて、「食育」指導をしましょう。

　給食の際に「残さず全部食べましょう」と声をかけても、好ききらいをする子は多く、中には「わたし、これは食べられないから」と決めつけてしまっている子どももいます。また、「全部食べなさい」と強く指導すると、保護者から苦情が来ることもあります。しかし、子ども達の身体・成長を考えると、やはりこれでいいのかと考えてしまいます。

1)「一口は食べよう」の声かけをしよう
　子ども達の中には、見た目だけで「これ食べられない」と決めつけてしまう子もいます。食器に盛りつけられた苦手な食材を全部食べるのはかなりの勇気が必要です。そこで、「全部食べなくてもいいから、一口だけ食べてご

らん」と声をかけてみましょう。食べるときにいっしょにかかわるのがコツです。意外と「食べてみたらおいしい」とか「生まれてはじめて食べた」などの声が聞かれることがあります。かたくなに拒む子どもには焦らず、「ちょっと苦手なものからのチャレンジ」から始めましょう。

2）「残す」ではなく「はじめに減らす」指導を

　子ども1人ひとり体格が違いますし食べる量が違います。その子ども達全員に同じ量を食べさせようというのは無理な話です。そこで、食べ始める前に、自分の食べられる量に調整する時間を設けます。このときのルールは、必ず「一口は食べる」にするとよいでしょう。こうすると、「おかわり」がしたい子どもに減らした子どもの分がいきます。それぞれの子どもが自分に合った量が食べられ、しかも残飯がとても減ります。

3）きちんとした「食育」指導を

　やはり、子ども達に「バランスのよい食事の大切さ」を、知識としてきちんと理解してもらうことは大切です。なぜ、偏食はよくないのかを子ども自身が理解して、自ら偏食をなくす努力をするようにさせるのが、一番の近道です。学級の中で「好ききらいなく食べよう」という雰囲気が、食育によって生まれると、家庭とは違って食べてみようという気持ちに子どももなるのではないでしょうか。また、給食調理員さんに、「給食を作るときの苦労」とか、「子ども達においしく食べてもらうために努力していること」などを話してもらって、給食を作ってくれる方々に感謝の気持ちを持って食べるように持って行くことも大切です。

　食育指導にあたり、保護者にも連絡して協力して進めるとよいでしょう。「カナさんが今日苦手なものをちゃんと食べられたんですよ」と喜びの報告をするのも効果的です。指導と喜びは保護者といっしょに共有しましょう。

2 学校生活編

6. 給食時間の過ごし方

Q 給食の時間が騒がしく、後片付けも乱雑です。
どうしたらよいでしょうか。

　給食の時間が騒がしく、食べ方も汚いです。残菜も多く、給食の後にしばしば給食で食べたおかずやパンの袋、ストローなどが落ちていることがあります。後片付けも乱雑になりがちです。どうしたらよいでしょうか。

A 給食の時間のルールを
もう一度子ども達と一緒に確認してみましょう。

　給食の時間は、学級の状態が顕著に表れる時間の1つです。学級のルールやモラルがきちんと子ども達に浸透しているか、よく分かると言っても過言ではないでしょう。残飯に関しては偏食指導の項を参考にしてください。

1）給食の時間のルールを確認しよう

　「給食を待っているときは？」「おかわりのルールは？」「片付けの手順は？」など、もう一度きちんと確認をしましょう。例えば「手を洗ったら配膳が終わるまで静かに席で待つ」「班で確認し合う」などです。ルール掲示するのも1つの方法です。特に「おかわりのルール」は、公平と感じるもの

か検討しましょう。楽しい給食の時間にするには、お互いが気持ちよく過ごすための最低限のルールは必要です。

2）給食当番の仕事の見直しもしよう

　給食当番の仕事は具体的にきちんと分担されていますか？　特に片付けが汚いなら、片付けに関する仕事を具体的にきちんと確認しましょう。例えば、グループで給食を食べているのであれば、「グループごとに食器をまとめて片付ける」ようにすれば、片付けの場所が混雑することがなく、きれいに片付けることができます。個別に片付けをしているのであれば、「日直の指示で準備ができた班から順に片付け始める」などの方法があります。

3）はじめは片付けに教員が立ちあい、指導しよう

　片付け方をきちんと子ども達が知らないと、きれいに片付けられません。しばらく教員が後片付けに立ち会って、細かく具体的に片付け方を指導する必要があるでしょう。「このように片付けると気持ちがいい」と子どもが感じることも大切です。

4）学級の雰囲気をふりかえろう

　ルールや仕事を確認してもよくならない場合は、学級全体が落ち着かない状態になっているのでは？　子ども達同士の関係がうまくいっていないなど、何かしら問題が起こっている可能性があります。もう一度、学習中、掃除、休み時間等、問題意識を持って学級の様子を観察したり、学年の先生や専科、養護教諭などに聞いたり、子ども達にアンケートを採ったりし、きちんとした手だてをとって学級の雰囲気をふり返ってみましょう。

　給食の時間や休み時間、放課後に、子ども達と雑談をするのも学級の状況を知るよい方法です。意外な話が聞けたり、子どもの様子がわかったりします。関係改善のヒントや問題解決の糸口が見えることもあります。

2 学校生活編

7. 掃除の指導

Q 具体的な掃除の仕方の指導を教えてください。

掃除の時間になかなかしっかり掃除ができません。まだ汚れているので指導したら、「そこはやりました」と反発され、困りました。「机の運び方」「はきかた」「ふきかた」などの指導はどうしたらよいでしょう。

A 掃除を行う意味や目的を確認してみましょう。

掃除の時間が好きな子どもは少ないと思います。一番やらされている感じがする活動だからでしょう。だからと言って、適当でいいわけがありません。「学級が崩壊する兆しは掃除から」とともいわれます。しっかりと掃除ができるようにするためにはどうしたらよいのか、悩むところですね。

1）何のために掃除を行うのかの確認しよう
「何のために掃除を行うのか」を学級活動や道徳の時間を使って話し合うとよいでしょう。私は、次の2点が大切だと考え指導しています。
①すごしやすい環境を作る……掃除をすることでより大切に使おうとする。
②普段使わせてもらっている教室や階段をきれいにする……教室は汚く使っても文句を言えない。言えないからこそ、きれいにしてあげるのだ。

これを確認しておけば、「そこはやりました」と言われることはないでしょうし、仮に言われたとしても「まだ汚いから、きれいにしてね。」と言えるでしょう。

2) 掃除のやり方を確認しよう
　学級活動の時間を使って、教室掃除のシミュレーションをしてみましょう。
①給食終了後の作業を確認する。
　・全員で机を教室前方に運ぶ。
　・当番が配膳台を片づけ、床の掃除を簡単に行う。
②役割分担とそれぞれの仕事を確認する。
　「はき」＝ほうきではく。ごみ取りとごみ捨て。雑巾で床を拭く。机運び。
　「ふき」＝雑巾で床を拭く。棚や黒板をきれいにする。机運び。
③掃除の流れを体感する。
　場面1「はき」：教室のうしろ半分を掃く。「ふき」：棚や黒板を拭く。
　場面2「はき」も「ぞうきん」も床を拭く。
　場面3「はき」も「ふき」も机を後ろ半分へ運ぶ。
　この繰り返しで、前半分も行う。暇な時間を作らないのがポイント。

3)「はくは外から中へ」「拭くはコの字」「運ぶは引きずらず」
　はき方：教室の周りから真ん中に向けてごみを丁寧に集める。
　ふき方：膝をつき、コの字に拭く。ゆっくりと後ろに下がる。
　運び方：机といすを別々に引きずらずに運ぶ。

4) 最低2週間は同じ場所を。そして、きちんとできたら大いに褒めよう
　掃除の仕方がわかれば、前向きに取り組むようになります。「掃除の進め方」と「反省用紙」がセットになったファイルを使うとより効果的です。やってよかったと笑顔になる場面も作りたいものです。

2 学校生活編

8. 宿題について

> **Q** 適正な宿題の分量がわかりません。
>
> ある保護者に宿題が「少ない」と言われ、増やしたら、別の保護者に「多い」と言われました。どうしたらいいでしょう。宿題としてふさわしいものや量はどのようなものでしょうか。

A まずは、宿題の意味をもう一度考えてみましょう。

　宿題を毎日出したほうがいいのか、何を宿題に出したらいいのか、悩むところです。また、同じ宿題を出しているのに「多い」「少ない」と言われてしまうと確かに困ってしまいます。しかし、学校での学習の様子を見ているとわかるように、学習の進度にはかなり個人差が見られるものです。ですから、宿題の量についての感じ方も子どもや保護者によって、きっとそれぞれ違うはずです。学級の実態や発達段階に合わせて、何をどのくらい、どのように宿題として出したらよいのか考えていきましょう。

1）宿題に対する担任の考えを保護者に伝える

　まず、宿題は当り前のように感じますが、学級担任としてどうして宿題を出すのか、もう一度考えてみましょう。宿題を出すことは、学校で学んだ内

容の復習をしてほしい、家庭学習の習慣を身に付けてほしいなどの意図があるはずです。宿題も学級経営方針の1つ！　できれば、年度当初の学級懇談会で宿題を出す意図とそのために、どのような宿題を出すつもりでいるのかをきちんと保護者に伝えておくとよいでしょう。

しかし、このように保護者からの声があった場合は、再度、宿題の意図と内容を説明し、「少ない」という保護者には家庭学習（自由勉強等）を促してみてはいかがでしょうか。

2）宿題の内容を見直す

また、保護者から「隣の学級は宿題が多いのにどうしてうちは…。」などの質問を受けることが、たまにあります。宿題の量や内容については、学年である程度の共通理解を図っておくことがよいでしょう。

さらに、どの学年であっても、宿題は子どもが自分で進められるように、初めて行うものは宿題にはせず、進め方も内容も子どもが慣れているもの（漢字や計算など）が適しています。また、普段の学習の様子を参考にして、宿題にかかる時間（20分、30分など）も想定し、出すようにしましょう。

3）子どもがそれぞれで進められる宿題をプラスα

それでも、宿題にかかる時間は個人差があります。そこで、個人差に対応できる宿題をプラスするとよいです。宿題が早く終わって、さらに学習意欲がある子が進められるように、低学年なら「音読学習カード」など、高学年なら「家庭学習帳」などを渡します。また、「日記」や「読書カード」などはどの学年でもよいです。がんばるほど、枚数が増えるとさらに意欲がわきます。宿題以外の学習を行うことで家庭学習の習慣がさらに身に付きます。担任がそのプラスαの宿題をしっかりと評価し、褒めるなどのフォローも忘れずにしましょう！　子どもの意欲と学力のアップだけでなく、保護者の信頼もアップしますよ。

2 学校生活編

9. 連絡帳の徹底化

Q 連絡帳を書かせるタイミングや徹底のしかたができずに困っています。

帰りの会に連絡帳を書かせていますが、なかなか書かない子どももいて連絡が不徹底になってしまいます。連絡帳を書かせるタイミングや徹底のしかたは、どうしたらよいか困っています。

A ルールを明確にして、連絡帳の習慣を身につけさせましょう。

「黒板に書いた連絡を、連絡帳に書き写す」。日常生活で繰り返す単純な作業ですが、取りかかりが遅い子ども、なかなか習慣化しない子どもなど定着しないことがあります。そのような子ども達に対してどのような指導をしていけばよいのか悩むところです。

1）書く時間帯とルールを明確にしよう

連絡帳を書く時間帯は大きく分けると、朝（朝の会の前後）、昼（給食の前後）、帰り（帰りの会の前後）の３つに分けられます。

朝連絡帳を書かせ、全員の連絡帳を集め、担任が目を通すことで、家庭からの連絡を見落とさず、すぐに対応できる長所があります。しかし、追加の

連絡事項・配布物がでてくることを考えると、二度手間になり、朝はさけたほうがよいかもしれません。

　給食の前後だと、給食指導が疎かになる可能性がありますが、「連絡帳を書いてから昼休み」というルールを明確にすると子ども達はしっかり取り組むようになります。

　しかし、基本的には帰りの会で書く習慣を身につけたいものです。「連絡帳を書いて担任から確認印・サインをもらう」ことをルールにするとよいでしょう。「グループで確認」という方法もあります。

2）書く習慣を定着させよう

　連絡帳をなかなか書かない子どもに対して、担任教員はこまめに声をかける必要があります。担任教員は、その子どもが取りかかり始めた時や書き終えた時にはほめることがポイントです。保護者に協力を求め、家庭でも声をかけてほめてもらうとよいでしょう。子どもが書いた連絡帳は、担任と保護者がきちんと「印」を押してチェックし、「連絡帳は先生とあなたと家庭をつないでいる大事なもの」であることを理解してもらうことも必要です。

3）担任印にプラスαを

　連絡帳を見て担任印を押すだけでなく、「きれいに書けたら花丸」、「もう少しなら丸」など、ひと手間かけることで、「きれいに書こう」とする子どもの意欲を引き出すことができます。シールも喜ばれます。また、「係の仕事をがんばったね」や「国語で音読が上手にできていたね」など、担任から子ども宛のひと言を書くことで、その日、声をかけられなかった子どもも含め、様々な子に担任の思いやほめ言葉を伝えることができます。それを保護者が見れば、学校での子どもの様子の一端が家庭に伝わることにもなります。

　連絡帳は、子どもの日常を家庭に伝える大切なツールです。

2 学校生活編

10. 連絡帳での苦情

Q 連絡帳での保護者とのやり取りで、問題がこじれてしまいました。どのように対応すればよいのでしょうか。

　連絡帳に保護者からさまざまな質問や欠席の連絡、苦情などがくることがあり、返事に困ることがあります。先日は、急いで返事を書いたために、相手に伝わらず、問題がこじれてしまいました。どのように対応したらよいでしょうか。

A 仕事に追われてしまうので大変かとは思いますが、連絡帳の文章は残るものですからできるだけ慎重に対応しましょう。

　学級担任は、日常の学習指導はもとより、生活指導や給食・清掃指導など1日中子ども達と接し、仕事に追われています。なかなか落ち着いて連絡帳の返事を書く時間は取れません。しかし、よく吟味せず、慌てて連絡帳に書いた文章では、かえって保護者の不安をあおってしまったり、問題がこじれたりすることがあります。
　連絡帳の文章は残るものです。一歩間違えると、そこから保護者との関係が崩れてしまうこともあります。できるだけ慎重に対応したいものです。

1）誠意をもって保護者への対応を

　欠席の連絡であれば、「どうぞお大事になさってください。」「みんな待っていますよ。」など、温かい言葉を添えたいですね。放課後に電話を入れて様子を聞いたり、FAXで「今日の学習内容」や「明日の持ち物」などを連絡してあげたりすると、欠席した児童も翌日安心して登校できます。

　また、質問や苦情などの場合は、「ご心配をおかけして申し訳ございません。」「貴重なご意見ありがとうございます。」など、はじめに「相手の考えをしっかり聞く」という姿勢を保護者に示しましょう。しかし連絡帳で長いやり取りするのはお勧めできません。そこで「○○の件、承知いたしました。詳しくは後ほどこちらからご連絡させていただきます。」と書き添え、電話で説明をしたり、できれば直接面談したりして、相手の顔を見ながら話し合えるようにしてはどうでしょう。特に苦情の場合は、慌てて返事をすると誤解を招いたり、後々問題がこじれたりすることも少なくありません。

2）組織で対応するように努める

　1人ですべてのことに対応できる人はいません。保護者からの質問や苦情などは、学年主任や生徒指導主任・教務主任などに相談し、指導を仰ぎましょう。何事も決して「些細なこと」と思わずに、管理職へ速やかに報告しましょう。一人の教員の問題ではなく、学校全体の問題として捉え、組織として対応することがよい場合もあります。

3）「苦情や文句」と思わず「相談してくれることへの感謝の気持ち」を

　担任教員に苦情や質問をしてくる保護者は、見方を変えれば学校教育に大変関心があり、熱心な保護者です。まずは、その観察力や問題への関心の高さに対して感謝しましょう。苦情や文句と思わず、謙虚に対応することが大切。「これからもお気づきの点がありましたら、ぜひ教えていただきたいと思います。」このひと言で、きっとあなたの味方になってくれるはずです。

2 学校生活編

11. 帰りの会の進め方

Q 「帰りの会」の効果的な進め方を教えてください。

　前の時間の授業や活動のために、「帰りの会」のはじめになかなか子ども達がそろわず、会の進め方もばらばらな感じになってしまうことがあります。「今日のめあて」のふりかえりのしかたも「よくできました」の形式的なものになっています。帰りの会の効果的な進め方を教えてください。

A まず、支度時間の目標を決めましょう

　日直が、「これから帰りの会を始めます。」と声をかけても、低学年では、まだランドセルをロッカーにとりに行っていない子どもがいたり、「トイレに行ってもいいですか」と言い出す子どもがいたりで、なかなか全員がそろわず、帰りの会が始められないことがあります。めあての反省も、「今日のめあてはなんだったっけ？」なんて言いだす子どももいますね。

1）音楽やキッチンタイマーを使って、時間で行動する習慣を

　支度の遅い子どもはいつも決まったメンバーではありませんか？　まず、支度時間の目標を決めましょう。マグネットつきのキッチンタイマー等を黒板に貼り、「○分で支度する」などの目標をわかりやすくします。早く支度

を終えた子どもが、「あと1分だよ。」などと、時間を知らせることができます。また、帰りの会の時間に合わせて、CDを流し、「曲が終わるまでに帰りの支度をする」ようにすると、楽しく支度をすることができます。アップテンポの曲や曲の長さを短くしていくと次第に時間の感覚が身に付くでしょう。

2）めあての振り返りの方法を工夫しよう

　日直が「今日のめあてが守れた人？」と聞くと、「はあい」と全員が手を挙げることがマンネリ化していませんか？　そんな時は、手の指を使って、挙げた指の数によって、評価がわかる5段階評価をさせましょう。時には「班で振り返る」など、いくつかの振り返りパターンを持つのもよいでしょう。班長が、班の中で一番めあてを守れていた友達を発表する方法もあります。中・高学年では、達成具合により、明日も同じめあてで継続した方がよいか、グループで話し合うこともよいでしょう。

　「振り返りシート」を作成し、簡単に自己評価させることもよい方法です。

3）担任教員や友達から誉め言葉のシャワーを

　放課後「今日は子ども達を叱ったまま'さようなら'をしてしまった。」という声を耳にすることがあります。子ども達を指導しなければならない場面もありますが、基本的に帰りの会は、お互いに「明日への原動力」となるような会にしたいですね。「先生のお話」では、その日の見つけた子ども達のすてきな言動を紹介すると、子どもの中に、「先生が見ていてくれた」という喜びがわきます。そのコメントは、通知表や保護者との面談にも活用できますので、メモをしておくと「一石二鳥」です。担任教員だけではなく、友達の良いところを発表する場面もあるとよいですね。

　子どもが教室を出る時は、1人ひとりと視線を合わせ、握手をしたり、声をかけたりして、「明日もみんなでいい1日にしよう」という気持ちで「さようなら」をしたいですね。

2 学校生活編

12. 提出文書や学級事務

Q 学級事務に時間がかかり、効率よくできません。

出席簿や提出文書、調査など、学級事務に時間がかかり、うまくできません。どうしたらもっと効率よくできるようになるのでしょうか。提出期限に間に合わないなど、周りの人に迷惑をかけてしまうこともあり困っています。どのようにすればよいでしょうか。

A 事務ごとに締めきり時間を決めて行ってみましょう

最初は、授業の準備だけでも大変な上に、学級事務も多く、慣れるまでは、本当に大変ですよね。しかし、教員の誰もが体験してきたことですから、1人で悩まずに、教わりながらやりましょう。

1）時間を決めて、取り組もう

「出席簿は、毎日放課後に、その日のことを記入する。」「週案簿は、木曜日の夕方に作る。」「金曜日の退勤前に、提出文書のチェックをする。」など、取り組む事柄と時間を決めてみてはどうでしょう。決めた通りできないこともあると思いますが、まずは、意識して取り組むことで、気付いたら学級事務が山積していた！ と、慌てずにすみます。

また、通信簿など学期末の成績処理の仕事については、子ども達の日々の様子を、少しずつメモしておくことが、所見文を書く時に役立ちます。「週案簿を書きながら、1週間を振り返り、子ども達のよかったことを記録、点検する」など、1つの作業を他のことにもつなげられると、効率もよくなります。（少し高度な技術かもしれませんが。）

2）周りの人と一緒に取り組もう

　調査などは、記入の仕方や判断の基準にも悩み、1人で行うと余計に時間がかかることもあります。初任者指導員や同学年の教員など周りの職員と一緒に作業することを勧めます。わからないことを教えてもらいながら作業ができます。1人で悩む時間が解消され、効率もよくなります。周りの人と一緒に作業するために、「イノウエ先生、あの提出文書、学年会の時に教えていただきながら作成したいのですが、よろしいですか？」などと、遠慮しないで自分から声をかけましょう。教員は、教えるのが仕事です。初任者教員のこのような声に、先輩教員は必ず対応します。

3）軽重をつけて取り組もう

　時間をかけるべき仕事と、簡単にできる仕事の軽重をつけて取り組むと時間もうまく使えます。その仕事は、誰に対して行うものであるかが、軽重を判断する時の大きな基準になります。校内の担当者に提出する行事の反省などと、保護者に対して出す通信簿とは、全く違うことがわかると思います。気付いたら、事務仕事が山積し、どうにもならない場合には、先輩教員に相談して、優先順位をつけてもらいましょう。時間がかかる仕事に対しては、提出期限から逆算して、いつまでに何をしておくかの目安がもてるといいですね。この場合にも、自分だけでわからない時には、先輩教員に相談したり、自分が作った仕事のスケジュールを点検してもらったりすると安心です。

コラム　休み時間は子ども理解の場

　休み時間の子ども達は、授業とは違った表情や側面をみせます。授業では、比較的目立たない子どもが休み時間には、リーダー的な存在でいることがあります。授業と休み時間では、子ども達の関係も変わるのです。

　皆さんは、休み時間のリーダーやグループを知っていますか？　では、休み時間の子ども達の様子を知るためにはどうしたらよいのでしょう。

①**いっしょに遊ぶ（子ども達の中に入ってかかわる）**

　いっしょに遊ぶと子ども達の人間関係が見えてきます。一番わかりやすい。休み時間を共有することはお互いを理解し合うことであり、信頼関係の構築にもつながります。ただ、かかわりが偏らないように、「今日はドッチボール。明日はなわとび」等、遊ぶグループを考えておくとよいでしょう。

②**定点観察をする（俯瞰的視点で子ども達を見つめる）**

　ときには一歩引いて、休み時間の教室や校庭を眺めて、子ども達の様子を記録してください。1ヶ月前と子ども達の遊びやグループは同じですか？　もし、変化があれば、「外れた子ども」は要チェック！　仲間外れの兆候であることもあります。変化があった子どもにはさりげなく声をかけましょう。「あなたを気にかけていますよ」のメッセージです。安心感を与えます。

③**「ダベリング」を大切に！（コミュニケーションこそ子ども理解の近道）**

　他愛ない話をする休み時間や・給食・放課後の時間はとても重要です。子ども達との雑談の中に、さまざまな姿（家庭の様子や悩み等）が垣間見えます。「カウンセリングよりダベリング」。休み時間は授業ではわからない子ども理解の場なのです。

　教育活動は子どもとの信頼関係によって成り立ちます。休み時間にたっぷりかかわって子ども理解と信頼関係の構築をしましょう。

3 学級づくり・生活指導編

　担任した学級をどう経営していくかという問題は、ベテラン教員でも日々苦労するものです。まして経験のない初任者教員には、毎日の学校生活自体が「洗濯機の渦の中」状態であり、学級経営における子ども達への指導も、先が見えない行き当たりばったりのものになりがちです。その中で、日々、学級には様々な問題が発生します。初任者教員にとっては、それらの問題の解決のために何をどうしたらよいか、きっとわからないことだらけでしょう。つい、気がつかないうちに不適切な対応をしてしまうこともめずらしくありません。

　本編では、学級づくりや生活指導にかかわる諸問題を取り上げています。子ども達の向こうにいる保護者への対応も含めて、学校の危機管理につながる内容です。これらの問題に関して、初任者教員にどうかかわり、アドバイスするか、管理職や指導教員などの立場にとっては、初任者教員を育てるだけでなく、安定した学校経営・学年経営の視点からも重要な事柄です。

3 学級づくり・生活指導編

1. 席替えのしかた

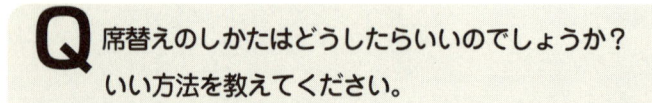

Q 席替えのしかたはどうしたらいいのでしょうか？
いい方法を教えてください。

子ども達の席は、4月に私が決めて、夏休みまでそのまま固定してきました。夏休みが終わって、子ども達から「今度は自分たちの好きな人同士の席にしたい」という強い希望が出ています。希望通りにしてあげたいのですが、大丈夫かどうか、心配です。いい席替えの方法といっても、なかなか思いつきません。何かいい方法がないでしょうか？

A その時の子どもたちの実態や先生の学級づくりの見通しなどをもとに、子どもたちにどこまで任せられるかを考えましょう。

「子ども達の希望を叶えてあげたい」という先生の気持ちがうれしいです。その「子どもに寄り添う」姿勢は、教員として、とても大切なものです。

1）席替えは子どもを伸ばす大きなチャンス

席替えは子ども達の超特大の関心事です。だからこそ、席替え1つでその後のクラスが大きく変わってくることになります。

席替えは、子ども達の人間関係がそれまでと大きく転換する場です。人間

2）席替え方法のベスト…みんなの「納得」の落とし所

　「席替えの方法」自体は多様です。でも「いい方法」とは、その時々の学級状況や子ども達の実態、教員が学級をどのようなものにしていこうかという目標や見通し、子ども達の思いや願いなどにより、変わってきます。「いつでもこれがベスト！」という定形はないわけです。

　大きくは、「教員が強い指導性を発揮して決める」段階から、「子ども達の手に委ね、教員は見守る」段階に向けたベクトルの中で、「現時点ではどこまで子ども達に任せ（られ）るか」という、教員も子ども達も納得できる落とし所が、その時点での「ベスト」になるでしょう。その際に、「みんなにとってよい方法」は何か、という観点が重要になります。ぜひ、子ども達自身にも考えさせてあげてください。

　例えば、話し合いを通して「原則、男女が隣り合わせ」「後ろだと黒板の字が見えにくい子どもは前の方に」「仲間外れはしない」「決まったら文句は言わない」などの約束事を確認した上で、子ども達が選んだ方法（くじ引きなど）を取り入れる、といったことが考えられます。

　また、席替えをした後が重要です。子ども達の様子をつぶさに観察して、問題があればその都度に指導を施すことが大切です。

3）班編成、給食……どのグループでも考え方は同じ

　群馬県で小学6年生の女子が自殺をした2010年の悲しい事件では、「給食で好きな者同士で食べる時に1人でいることが多かった」と言われています。本来楽しいはずの席替えや班編成、給食などで、悲しい苦しい思いをする子どもをつくってはいけません。そこに十分に気をつけながら、ぜひ楽しい学級をつくっていってください。

3 学級づくり・生活指導編

2. 宿題や課題ができない子ども

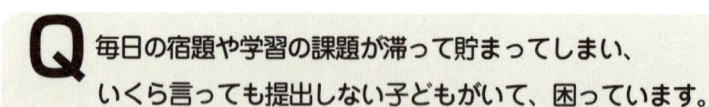

Q 毎日の宿題や学習の課題が滞って貯まってしまい、いくら言っても提出しない子どもがいて、困っています。

　タツヤくんは宿題への取り組みが悪く、各教科の課題も期日までに提出できません。全然改善できないので、他の子ども達にも示しがつかず、学級全体に悪影響が出てしまいます。どう扱ったらよいか、困っています。

A 課題を提出できない理由や背景をつかみ、家庭の協力も得ながら、少しずつの改善を認め、長い目で指導していきましょう。

　課題への取り組みが悪いタツヤくんが、他の子ども達にマイナスに影響するという、学級運営の面からの心配、よくわかります。
　でも、一番の問題は本人によくないことです。学習習慣の未定着は学力に連動し、生涯の損失です。信頼も低下し、人間関係上もマイナスです。宿題や課題に自ら取り組み、やり遂げる意識や実行力を高めさせたいものです。とはいえ、ただ「宿題をやれ」と言うだけでは解決しません。

1）まず、できない理由や背景をつかむこと
　宿題や課題ができない理由はいろいろです。解き方がわからない、心の面

で集中できない何かがある、家庭の状況、しないのが定着してしまっている、これらがいくつも重なっている…。まずは、理由や背景を確かめましょう。理由や背景がわかったら、それに応じて手立てを施すことになります。

2）子どもの自信とやる気を持たせ、長い目で意識や実行力につなげる

　終わっていない宿題や課題を、学校で無理矢理させるだけでは、その場のうわべだけで終わってしまい、決して定着できません。また、いっぺんに全部をさせようとしても、それは無理なことです。

　量や内容を調整し、少しでもできたら前進を認め、ほめ、心地よさや喜びを感じさせる。それを何度も重ね、やる気や「やればできる」という自信を持たせていく。それが、自ら取り組む意識や実行力につながります。徐々に少しずつ改善していく、長い目での指導が求められます。

3）家庭との連携や他の先生方との協力が大切

　これらは教員の努力だけではなく、家庭との連携が必須です。保護者と十分に話し合い、共同歩調でタツヤくんに当たっていくことが大切です。保護者の子どもへの関心や教育力が低いこともありますので、同学年など他の先生にも相談し協力を得るようにしましょう。

4）宿題や課題の出し方に関する、気になる事例

① 量や内容が不適切な事例…負荷が大きすぎると、子どもはただ終わらせることを最優先にしがちになります。また、学習が苦手な子ども、時間がかかる子どもにとっては、学習へのあきらめにもつながります。

② 連帯責任を課す事例…例えば一人でも宿題ができないと学級全員にペナルティーを課す方法は、「〜のせいで」という感情を持たせ、人間関係をギスギスさせ、居心地の悪い学級につながります。励ましフォローし合える共感的な人間関係をつくる方向に進めたいものです。

3 学級づくり・生活指導編

3. けんかやトラブルの対応

Q 「思いやり協力し合ってほしい」という私の願いが通じず、子ども達のけんかやトラブルが絶えません。

　お互いを思いやり、協力し合える学級になってほしいと願い、いつもそのことを子ども達に言っています。でも、けんかがなくならず、様々なトラブルも続いています。いくら言っても私の願いが通じない子ども達を相手にしていて、とても疲れてしまいました。

A けんかやトラブルをどう乗り越えるか、を大切にしながら、目指す学級像の実現に向けた具体的な手立てを重ねましょう。

　「思いやり、協力し合う学級」という先生の願いをぜひ実現させたいものです。子ども達のけんかやトラブルに苦労している様子や大変さはよくわかります。ぜひ、ここであきらめないでほしいです。

1）学級の前提…けんかやトラブルは決していけないことではない
　集団生活では、立場や気持ち・考え方、言動などの違いは当たり前です。けんかやトラブルはその表出の事態であり、大人社会でも日常的に発生します。それを乗り越えながら、私達は生活しているわけです。

子ども達にとって、学級内で起こるけんかやトラブルは社会生活の訓練であり、それらを起こさないのではなく、どう乗り越えるかが大切なのです。小さい障害を乗り越える経験を何度も重ねることが、大きな障害を乗り越える力につながります。けんかやトラブルは起きて当たり前。そこで何を「学習」し、次につなげて成長していくか、です。

2）けんかやトラブルには落ち着いて対処し、次につながる指導を
　それらが起きた時は、教員は冷静に状況をつかみ、双方を落ち着かせながら気持ちを引き出して、相手の気持ちや考えに気付かせるようにします。そして、「なぜ起きたか」「よりよい解決は何か」「これからどうするか」などを話し合わせます。けがやいじめにつながらない程度なら、どう乗り越え、どう次につなげていくかを見守りながら、大切な経験をした子ども達を大きく包んであげてください。もちろん遺恨が残らないような配慮は必要です。

3）目指すクラス像の実現に向けた3つのポイント
　以下の点を教員と子ども達が共有しながら進め、教員は子ども達の少しずつの成長を認め励ますことで、目標は確実に近づいてきます。
① 　目標の具体化…「思いやり、協力し合う」とは例えばどのようなことか、学校生活の中の具体的場面に降ろして、「例えばこういうこと」と子ども達が具体的にイメージできるようにすることが必要です。
② 　目標達成への段階…登山家は高い山に登る場合、一気に山頂まで行かず、いくつかのベースキャンプを設けます。同様に、例えば1年間でこうしたい、それに向けて1学期末にはここまで、4月には…、などのロング目標とショートステップ目標を設定し、進んでいくのです。
③ 　目標達成のための内容と方法…目標達成のためには、具体的に何をどうするかという手立てが大切です。登山でも、山頂に向かうための道筋が不明確だと、遭難してしまいます。

3 学級づくり・生活指導編

4. ルールを守れない子ども達

Q 学級内のルールを破ったら罰を与えるようにしたのですが、なかなか子ども達がルールを守れません。

いい学級にするためには、ルールをビシッと決めて子ども達みんなが守ることが必要だと思います。だから、私がいろいろと考えて学級内でのルールを決め、もし破ったら私が罰を与えるようにしました。でも、ルールを守れないことが多く、だんだん罰を厳しくしたのですが、うまくいきません。どうしたら子ども達にルールを守らせることができるのでしょうか？

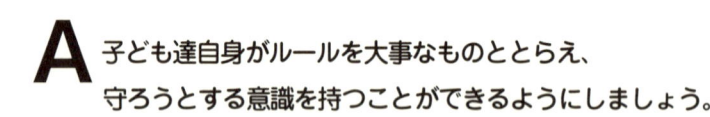

A 子ども達自身がルールを大事なものととらえ、守ろうとする意識を持つことができるようにしましょう。

いい学級にしたい、子ども達をしっかりさせたい、という熱い思いを持って指導してくれていることがとてもうれしいです。

集団生活では、お互いがよりよく有意義に過ごせることが大切です。みんなが守るとその実現に近づける、そのためにあるのがルールです。

1）ルールは目的ではなく手段

ルールを守ることが目的化してしまっていませんか？ たとえ先生が一生

懸命に子ども達のことを考え決めたものでも、子ども達は「先生のルールを押しつけられている」と感じるかもしれません。そうだとしたら、子ども達はルールを大事なものととらえ、守ろうとするでしょうか。

　学級内のルールは子ども達のためのもの。ならば、子ども達自身がルールを大事なものととらえ、守ろうとすることが大事です。

2）「学級内のルールは自分達のためのもの」という意識にさせる

　自分達の学級をどのようなものにすればみんながよりよく過ごしやすいかを話し合い、その目標（＝目指す学級像）を共有してみてはいかがでしょうか。そして、そのために必要なルールは何かを考え、自分達で決めるようにするのです。子ども達自身が「学級づくりの主体者」という意識を持ち、行動できるようにする。学級内のルールはそのための重要アイテム、という位置付けです。

　必要だけれども子ども達が気付かないルールもあるでしょう。それは教員から「こんなことがあったらどうか」などと示唆や助言をしてあげれば、子ども達はその必要性を考えます。

　もちろん、一度決めたからといって、いつでも守れるとは限りません。その時には、「目指す学級像」という目標に還って、ルールと行動のズレを修正すればいいのです。自分達の行動を見つめ直し修正するでしょうし、場合によってルールを修正することがあるかもしれません。ルールも必要ならば改善し修正する、くらいのスタンスでいいと思います。

3）学校のルールも、子どもの「納得」が大事

　予め定められている学校のルールについても、「決まっているから」だけでは、子ども達にとっては「押しつけ」のままです。そのルールがなぜ必要なのか子ども達に考えさせ、「なるほど、そうか」と納得できるようにすることが、ルールを守る意識と行動に結びつきます。

3 学級づくり・生活指導編

5. 子どもとの関係改善

Q ふざけていた子どもをきつく叱ったら、
ふてくされて言うことを聞いてくれなくなって困っています。

掃除を行わずにふざけていたサヤカさんを、その場できつく叱りました。すると、サヤカさんはふてくされてしまい、私の言うことを聞かずにわざと反抗するようになってしまいました。毎日そのような態度が続いて、指導しても直りません。どうしたらいいのでしょうか。

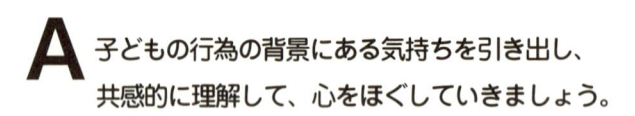

A 子どもの行為の背景にある気持ちを引き出し、
共感的に理解して、心をほぐしていきましょう。

早く関係を回復したいものです。そのためには手順やポイントがあります。

1）まず、原因や経過を振り返って整理する

サヤカさんにとっては、していた行為と先生から叱られたことや叱られ方との間に、大きなギャップや理不尽さを強く感じたことが伺えます。その後についても、関係修復が十分なされないままに「反抗→指導→反抗→指導」の繰り返しが続いてしまい、サヤカさんの先生に対するマイナスの気持ちがさらに強まり、態度が頑なになってしまったと思えます。

サヤカさんがふざけていた状況や背景に見落としがあるかもしれません。叱り方がかなり厳しいものだったのかもしれません。サヤカさんの言い分を聞かず一方的に叱ったのかもしれません。叱りっぱなしだったのかもしれません。また、その時以前から、サヤカさんは先生との間に何か溝を持っていて、それがその時に「爆発」したのかもしれません。

それらを丁寧に振り返り、整理することがまず大事です。

2）サヤカさんの心をほぐし、気持ちを先生の方に向けていかせる

第一に、サヤカさんが先生に対してどのような気持ちを抱いているか、それはなぜか、をつかむことです。始めはなかなか心を開いてくれないかもしれませんが、丹念に、丁寧に、先生から働きかけて、氷が徐々に溶け出すように、心の中を引き出してあげてください。同時に、他の子ども達からも情報を集め、サヤカさんへの理解を深めることも大切です。

そして、サヤカさんが先生に抱いている気持ちを共感的に理解し、もしそれまでのサヤカさんへの対応に不備があったら素直に謝罪し、先生の気持ちがサヤカさんに十分に伝わっていなかったらわかりやすく丁寧に説明して、サヤカさんとの気持ちのズレを小さくしていきましょう。

3）子ども一人一人の心を大切にすることが大事

子どもはもともと基本的に「先生が好き」です。そして教員に「自分を見てほしい」「わかってほしい」と強く思っています。それが充足されているうちは大丈夫ですが、「見てくれていない」「わかってくれない」という気持ちを抱いたら、急速に心が離れてしまいます。

子どもを叱る時に、遠慮することはありませんが、状況や背景を確かめ、子どもの言い分も聞きながら、子どもが納得する叱り方を心がけたいですね。叱った後も必ずフォローをして、マイナスの気持ちを後に引きずらないようにしてあげたいものです。

3 学級づくり・生活指導編

6. いじめへの対応

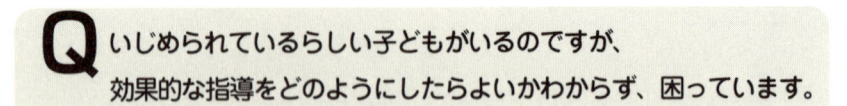

Q いじめられているらしい子どもがいるのですが、効果的な指導をどのようにしたらよいかわからず、困っています。

アキラくんが靴を隠されたり、持ち物に落書きをされたり、仲間外れをされたりして、他からいじめられているようです。でも、本人に聞いてもあいまいで、他の子ども達も「知らない」と言うばかり。確証がなく、それ以上なかなか指導できません。どう指導したらいいでしょうか。

A 早急に事実を確認し、いじめを許さない指導を実施しましょう。そして予防と対処の両面から日常的指導を続けましょう。

いじめはいつでもどこでも起こり得る問題です。子ども社会の中で巧妙に行われていて周囲の大人からは見えにくいいじめも多くあります。

今回の場合、アキラくんに対する他の子ども（達）のかかわりがよくない状況がありそうです。このままでは、アキラくんにも学級にも望ましくありません。確証を待つのではなく、早急に対応し、改善する必要があります。

1）具体的事実をきちんと確認する

アキラくんには、教員がいじめから守り通すことを約束し、不安を取り除

きながら、起こった事実や経過、気持ちなどを丹念に引き出します。周囲の子ども達にも、余計な気構えをさせないよう配慮しながら、できるだけ個別に聴取をして、事実関係を多面的に丁寧につかみます。

他の教員の方々からも情報を得て、学校全体に協力を求めましょう。そしてアキラくんの保護者にも、状況を隠さず伝えながら、家庭での様子を伺っていきましょう。1人で抱え込まず、関係者が共同歩調を取って改善や解決に向けていくことが大きなポイントです。

2）いじめを許さない指導を徹底する

「いじめはダメ」と言うだけでは子どもはわかりません。教員が「いじめを絶対に許さない」、「いじめられている子どもを徹底的に守る」という姿勢を子ども達の前で徹底して示し、子ども達が納得できるように具体的に指導することが大事です。

3）「予防」は直接的指導と共感的な人間関係づくりの両面で

「対処（発生したことが判明してからの迅速な対応）」とともに、「予防（日常からの予防的指導）」が重要です。

予防の1つめは、いじめにかかわる問題を取り上げる指導を日常的に行う、直接的指導です。もう1つは、学級での生活や学習の様々な場で共感的な人間関係づくりを進める指導です。互いにかかわり合い、認め合ったり励まし合ったりしながら、互いが高まり合うような場や活動を積極的に設定し、子どもに体験させることで、相互の人間関係をプラスの方向に向けるのです。いじめを起こさない学級集団づくりが進みます。

最後に、教員が何気なく行っている言動が、子ども達のいじめの呼び水になることもある、ということを伝えておきます。私達教員は、自分自身の言動に常に気をつけていることが大切になります。

3 学級づくり・生活指導編

7. 生活習慣が悪い子どもと保護者への対応

Q 遅刻や授業中の居眠り、学習用具の忘れなど、生活習慣が悪い子どもがいて、保護者に改善を頼んでも直りません。

ナツミさんは連続して遅刻したり、学習用具を忘れたり、よく授業中に寝てしまったりします。理由を聞くと「夜寝るのが遅いから」と言います。このままでは困るので、「健康管理をきちんとして、夜更かしや遅刻をさせないようにしてください」と連絡帳で保護者に頼んだのですが、効果がありません。生活習慣が悪いナツミさんにも、きちんと指導しない保護者にも困っています。もっと厳しく言った方がいいでしょうか。

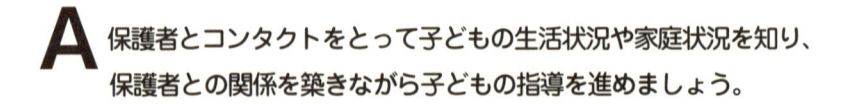

A 保護者とコンタクトをとって子どもの生活状況や家庭状況を知り、保護者との関係を築きながら子どもの指導を進めましょう。

生活習慣の乱れは、学習にも大きく影響しますし、それが染みついてしまうと、一生に渡る問題になります。早く改善させることが必要です。

1）生活習慣が悪い理由を探る

「夜更かし」「遅刻」「授業中の居眠り」「学習用具の忘れ」といった現象は、それ自体は好ましいものではありません。でも、例えば夜更かし1つとって

も、理由は様々に考えられます。テレビやゲーム、勉強、帰りが遅い家族を寝ないで待っている、眠ろうとしていても寝付けない…。

同様に、保護者に頼んでも改善しない理由も様々に考えられます。子どもを指導しない、指導できない、子どもが言うことを聞かない、子どもの面倒をみる余裕がない、育児放棄（ネグレクト）…。

理由によっては、子どもや保護者を責められません。「厳しく言う」どころか、至急に救済手立てを施すべき状態かもしれません。「生活習慣が乱れている」という現象だけを見ていたら、その裏側にある大切なものを見落としてしまう危険性が大きいのです。

2）子どもの生活状況や家庭状況をよく知ること

この場合も、連絡帳ではなく、ぜひ早急に家庭訪問をしましょう。保護者と直接会って家庭での様子をうかがい、学校での様子を伝えてみてください。そして保護者自身の考えや家庭状況をつかんでください。

子育ての考え方は家庭により様々ですが、ほとんどは「子どもをよくしたい」と願い、毎日奮闘しています。その意味で保護者も教員も一緒です。保護者に共感しながら、教員の思いや願いを理解していただく姿勢が大切になります。学校（教員）と家庭（保護者）が連絡し合い協力し合い、共同歩調で子どもを育てる意識が持てるようになればしめたものです。

3）より深刻なケースでのポイント

教員の思いを拒絶することもあります。その場合でも、粘り強く学校側からアプローチし続けていきましょう。そのためには先生1人だけで行うのではなく、他の教員の方々にも協力を求めチームで進めていくことが必須です。

また、生活の困窮や育児放棄などの場合には、緊急対応の必要があります。学校だけではなく、市町村行政や児童相談所などと連携することも大切になりますので、報告・連絡・相談を必ずお願いします。

3 学級づくり・生活指導編

8. 長期欠席や不登校の子どもへの対応

Q 1週間ずっと休んでいる子どもの家庭に どう連絡したらいいか、悩んでいます。

カナさんが今週ずっと欠席しています。「風邪」とのことですが、これまでも休みがちで、前の学年でも同様だったそうです。電話をかけて様子を聞こうと思いますが、カナさんとも会いたいので、家庭訪問をした方がいいでしょうか。また、保護者にはどう話をしたらいいでしょうか。

A 家庭訪問をして、子どもや保護者（家族）と直接会って話をし、状況を確かめてから、教員全体で対応していきましょう。

確かにとても心配なところです。子どものことを真摯に考え、心を砕いてくださっている先生の気持ちがうれしいです。

前の学年からのことを考えると、長期欠席傾向があるようですので、放っておいたら長欠が常態化して不登校になってしまう可能性もあります。

1）欠席が続く子どもには家庭訪問を積極的に

欠席が数日続く場合は、電話よりも、ぜひ家庭訪問をして、可能なら子どもに直接会って様子を確かめた方がよいです。

電話をかけて、もし「風邪です」と言われたら次の手立てが取りにくくなりますね。カナさんに直接会うことで実際の状態がわかり、すぐに必要な手立てを取りやすくなります。たとえカナさんと会えなくても、保護者（が不在の場合は家族の誰か）と会って話すことで、様子はずいぶんわかります。
　カナさんや保護者（家族）には、体の具合の経過や今の気持ちなどを聞くとともに、学校の様子を話し、先生も学級内の友だちも「早くよくなって学校に来てほしい」と願っていることを伝えましょう。便りや学習で配付したプリントを渡して示しながらだと、より有効です。

2）会えなかった場合も次につなげられるように

　家に誰もいない場合は、手紙を書いて封筒に入れ、訪問したことがわかるようにしましょう。そして、時間をおいて電話をして、訪問したことや不在で手紙を置いたことなどを伝え、家庭の様子をうかがいます。
　なお、本人や家族と会えても会えなくても、わかる範囲で家の状況を観察し、様子がおかしいところがないかを確認しておきましょう。

3）子どもの欠席理由を正しくつかんで対応を

　欠席理由は、体調不良ばかりではありません。気持ちの弱さ、怠け癖、学級や学校の問題などの場合もあります。家庭や家族の問題の場合もあります。近年は、保護者などから虐待を受けているケースや、家庭が経済的に困窮して外に出られない状態のケースなどが増加しています。
　子どもや保護者との会話や、家の状況の観察から、欠席理由を探り、整理しましょう。前担任教員や養護教員などからも情報を得ることで、よりはっきりすることが多くあります。その理由や状況に応じて、どんな手立てをどう取っていくか、という対応を進めていくことになります。
　とはいえ、1人で行うのは大変です。これから先は、みんなで協力して対応しましょう。早速、関係の先生方に集まってもらいましょう。

3 学級づくり・生活指導編

9. 万引きをした子どもへの対応

Q 万引きをした子どもへの指導と、保護者への対応をどうしたらいいか悩んでいます。

ハヤトくんの万引きが発覚し、これまで何回もしているとのことです。「もう絶対にしないから両親に言わないで」というので、もうしないことを条件に、言わないことを約束しました。でも、やはり保護者に伝えた方がいいのでしょうか。約束を破ることになり、信頼関係を損なうのではと心配ですが、このままにしておいていいのかも不安です。

A 事実を正確に記録し、保護者にきちんと伝えて、保護者の責任のもと、適切な処理をしていきましょう。

ハヤトくんを心配し、よくなってほしいと願う先生の思いがわかります。「反省しているから」「かわいそうだから」という気持ちや、「約束を破ると信頼関係を損なう」という心配はわかります。しかし今回の「約束」は非常にまずいもので、すぐに修正して手を打つ必要があります。

1）保護者の責任のもと、適切な処理が必要

万引きは犯罪です。このままだと、盗んだ品物を店に返さないことですし、

本人の償いになりません。万引きの事実を保護者に言わないことは、子どもに対する保護者の指導監督の権利や責任を大きく侵すことになります。先生は犯罪を知りながら隠匿したことになり、先生自身が処罰の対象になります。

　損害を与えた店にもきちんと謝罪し弁償して、今後絶対に繰り返さないようにしなければいけません。そのためには、事実を保護者にきちんと伝え、保護者の責任のもと、適切な処理をしていくことが大切です。

2）事実を整理して、本人に丁寧に指導する

　再度ハヤトくんと面接をして、事実を整理してください。いつから、どの店で、どんな品物を万引きしたのか、詳細に聞き出して時系列でまとめます。品物を持っている時にはそれを預かります。

　そして、保護者の責任と店への弁償の必要性から保護者に話すことが大切であること、保護者にも店にも自分の口ではっきりと謝罪し今後絶対に繰り返さないと約束すること、先生も同席して一緒に保護者に説明することなどを話し、ハヤトくんが納得できるように丁寧に指導します。

3）保護者や本人に寄り添いつつ、解決・再発防止に向けていく

　保護者には、できるだけ来校してもらい面談します。万引きの記録や品物をもとに事実を正確に伝え、ハヤトくんに感情的に当たらず気持ちを共感的に受け止めながら指導し再発防止すること、店にきちんと謝罪し弁償する必要性、それを保護者が本人と共に確実に行うのが重要であることを話します。保護者が感情的になる場合でも、気持ちは受け止めつつ、落ち着かせて、きちんと理解し約束していただくようにします。

　この件では、親子共に気持ちが大きく不安定になります。学校も積極的に協力することを伝え、安心させることが極めて大切です。そして、これらの対応については、学校として行うこととし、他の教員の方々にも加わっていただいて進めていくことが必須です。

3 学級づくり・生活指導編

10. クレームで来校する保護者への対応

Q 子どもの指導に対するクレームで来校する怖い保護者にどう対応したらよいでしょうか。

友だちを蹴って泣かせたヤマトくんを叱ったのですが、夕方に保護者から学校に電話があり、「先生はなぜヤマトを一方的に悪者にしたのか。先生のやり方が気に入らない。これから学校に乗り込む」とすごい剣幕で怒鳴られました。どうしたらよいでしょう。とても怖いです。

A 事実を記録した上で、複数で対応し、保護者の話をじっくり聞くことを第一にしましょう。

電話に出たらいきなりそれでは、とても驚いたでしょう。ましてその勢いで直接怒鳴られるかと思うと、怖くなる気持ちがよくわかります。教員1人の問題にせず、学校として対応を進めていきますので、心配はいらないです。

1）事実や経緯をすぐに具体的に記録する

大切なのは、保護者にきちんと事実を伝え、理解してもらうことです。そのためには言葉だけでなく、事実を記録した資料が必要です。これからすぐに、ヤマトくんを叱った理由や経緯を書き出してください。その場の状況や、

子どもや先生の言動、その後の様子など、できるだけ具体的に時刻とあわせて書き出し、時系列で並べ、客観的な資料にします。

2) クレームの保護者との面談には複数で対応

　既に電話の段階で、先生は「怖い」と気後れしています。そのまま１人で対応すると、保護者の方が力関係で「上」のまま勢いで話が進み、一方的な要求をされてさらに事態がこじれ、後々までトラブルが続く危険性もあります。

　面談を冷静に進め、学校（先生）と保護者の双方の話の交通整理をしながら事態を収めていくことが大切です。そのためには、学校側から複数の職員が同席して対応することが必須です。そして進行役は別の教員にまかせます。もし、保護者が複数で来校したら、学校側はできるだけそれより多い人数で対応するようにします。

3) 保護者の話をじっくり聞くことが第一

　保護者は興奮したまま来校することが考えられます。言いたくて仕方がないのですから、こちらが一生懸命に説明しても聞く耳を持たず、さらにヒートアップする可能性が強いです。

　ですから、まずはじっくり話を聞くことです。言いたいことをすべて言うことで、次第に気持ちが落ち着いてくることが多いです。そして進行役の教員に、保護者の話を確認しながら整理してもらいます。

　保護者の話をよく聞くことで、誤解や思い込みなどがわかります。先生には、保護者の話の後で、事実に即して必要な説明をしてもらいます。そして保護者にきちんと理解し納得してもらえるようにします。不明なことは、その場では即答せず、きちんと確かめてから連絡することで理解を求めます。

　クレームのほとんどは、子どもを心配するあまりのこと。きちんと理解してもらえれば、今度は応援団になってくれることも多いです。相互理解の機会とプラスに捉え、保護者と接してみてください。

4 メンタルヘルス編

　第1章に示した通り、近年、毎年のように、多くのベテラン教員が定年退職を迎える状況となっています。それに伴い、初任者教員が大量に採用される事態が続き、経験が浅くても、一人前の仕事を要求される時代になりつつあります。

　今まさに、先輩教員がメンターとして、経験の浅い教員（メンティー）に対し、親身に相談に乗ったり、指導を行ったりすることが求められています（コラム参照）。このようなメンターからメンティーに対する援助的活動をメンタリングと呼びます。日本メンター協会では、メンタリングについて、次のように説明しています。

　　・メンタリング（Mentoring）とは、メンターが若年者や未熟練者（メンティーまたはプロテジェと呼ばれる）と、基本的には1対1で、継続的、定期的に交流し、信頼関係をつくりながら、メンティーの仕事や諸活動の支援と、精神的、人間的な成長を支援することをいいます。
　　・メンターがメンティーに対して、キャリア的機能（仕事上の成功）と心理・社会的機能（人間性の向上）の2面から、一定期間継続して行う支援行動の全体を意味しています。

　ここでは、先輩教員がどのように初任者教員の悩みに答えたらよいか、メンタルサポート例を挙げます。例の中に登場する「私」こそが、初任者教員にとっての「メンター」です。

❤ 4 メンタルヘルス編

1. ストレスによる体調不良

Q 学校のことばかり考えてしまい、体の具合が悪くなります。どうしたら良いのでしょか?

最近、体の調子を崩してしまっていて、毎日が苦しい状態です。

いつも学校のことばかり考えてしまいます。すると、お腹が痛くなったり、吐き気を催したりしてしまいます。特に、朝が一番苦しくなるので、学校に着いた時には、疲れ切ってしまっていて……。

ストレスではないかと思うのですが、どうしたら良いのでしょうか?

A すぐにでも休みをとりましょう。
そして、上の先生に状況を伝えましょう。

とても苦しい状況なのですね。今、体の調子はどうですか? 痛いところはありませんか? 先生の体が心配です。一度、病院で診てもらったらどうでしょう。

具合が悪いのですから、休むことは悪いことではありませんよ。今すぐにでも、休みをとりましょう。先生が休んでいる間は、私達でフォローしますので安心してください。休んでいる間にやってほしいことがあれば、やっておきますから、言ってくださいね。

元気な姿で子どもたちと向き合えることが、教員にとって最も大切なことです。そのためにも、教員は健康でいることが必要なのですよ。

まず、今の状況を学年主任や管理職教員に報告しましょう。言いづらい話かもしれませんが、報告すれば、適切な援助を受けられると思いますよ。例えば、早く帰るように促してもらえるとか……。
　１人で伝えることが難しいようでしたら、私も一緒について行きますから、一緒に伝えましょう。他に私にできることがあったら、遠慮なく、言ってくださいね。

また、ストレスが原因だと思っているようですが、このことも心配です。心当たりがあるようですね。よかったら、どんなことがストレスになっているのか教えてくれませんか？　どのようにそのストレスに対応したら良いか、アドバイスできるかもしれません。
　これからは、私と一緒に対応策について考えていきましょう。一人で考えていても、なかなか良い考えは浮かばないものです。何人かで考えることで、今まで思いつかなかったことに気付くことができるかもしれません。いくつか考えた対応策の中で、できそうなことから実践していくようにしましょう。
　私も一緒に考えるのですから、実践していて困ったことがあったら、自分のせいだと思わず、状況を私に教えてください。改善すべき点があれば、話し合って決めていきましょう。
　いつでも相談に乗りますから遠慮しないで声をかけて下さいね。

❤ 4 メンタルヘルス編

2. 帰りづらさ

Q 早く帰りたくても先輩教員の方々が残っていると帰りづらいのですが、どうしたら良いでしょう。

　仕事が早く終わっても、先輩教員の方々が残っていると、とても帰りづらく感じます。学校に遅くまで残って仕事をしたり、部活動や教材研究のために土日に出勤したりしていることについて頑張りを認められると複雑な気持ちがします。
　本当は、早く帰れる時には早く帰って、家でゆっくりしたいのですが、どうしたら良いのかわかりません……。

A 先輩教員の方々への義理立ては、感謝の気持ちで十分です。帰れるときは、早く帰りましょう。

　先輩教員の方々より早く帰ることに対し、申し訳ない気持ちになってしまうのですね。確かに、先輩・後輩という関係で見れば、早く帰ることには抵抗がありますよね。
　学生の時の先輩・後輩関係は、「教える・教えてもらう」関係ですから、少々厳しい縦関係を大切にしてきたかもしれません。でも今は、他の教員の方々と同じ学級担任です。もちろん教えてもらうことも多いのですが、それ

は初めての仕事ばかりなのだから当たり前です。それに、先輩教員の方々は、後進を育てることも仕事の1つとされています。
　ですから、先輩・後輩の関係の前に、「同僚」として考えたらどうでしょう。そのかわり、教えてくださる先輩教員には心から感謝しましょう。これで十分だと思います。これ以上の義理立てはいりません。

　でも本当は、先輩教員の方々が、早く帰ってくれると良いですよね。ただ、学校現場は、先生も感じていると思いますが、大変忙しい状況です。なかなか、思うように仕事が進まない方も大勢います。
　しかし、それは、あくまで個人の問題です。その先生も、だれが早く帰ったかなんて気にしていませんよ。なぜなら、自分も早く帰れるときには早く帰りたいのに、自分の仕事が終わらず、自分のために残っているからです。
　先生が関わる仕事で残っているならまだしも、そうでなければ、残られる教員の方が少しでも集中して仕事ができるように、早く帰れる先生は早く帰ってあげましょう。

　それから、学校に遅くまで残って仕事をしたり、部活動や教材研究のために土日に出勤したりしていることについて頑張りを認められることが、かえって、つらいようですね。
　私達は、教員ですから、ついつい評価してしまう癖があります。ですから、先生ががんばっていると思えば、つい褒めてしまう。そんなところだと思います。そこに他意はないと思いますよ。むしろ、周囲の先生に「褒めたい」と思わせる先生の働きぶりが素晴らしいのだと思います。
　先輩教員の方々は、先生のことをちゃんと認めていらっしゃいますから、安心して、早く帰ってくださいね。

❹ メンタルヘルス編

3. 疲労による事故

Q 自動車で通勤している最中に、ぼーっとしていて事故に遭いそうになるのですが……。

　自動車通勤ですが、最近通勤中にぼーっとしていて、ガードレールに車をぶつけてしまいました。時折、後の車のクラクションにハッとして気付くと信号が変わっていたりします。もし人をはねてしまったらと思うとゾッとしてしまいます。でも、どうしてそうなってしまうのかわかりません。

A しっかり眠って、体を休めましょう。
また、しばらくは、運転を控えましょう。

　自動車での事故があったのですね。先生にお怪我はありませんでしたか？先生にお怪我がないのなら、とりあえずのところは、安心です。
　通勤途中の事故ですから、朝早い時間ですよね。しっかり眠ることはできましたか。朝起きても疲れが残っている状態ということは、睡眠時間が短いか、眠りが浅いのだと思います。

　まず、睡眠時間は、6時間以上とるようにしましょう。体も心も疲れてしまっていると思いますので、最低これくらいの時間は必要だと思います。ど

んなに仕事が残っていても、今の先生の状態を見ると、眠ってしまう方が良さそうです。仕事はちょっとくらい後回しにしても大丈夫。先生の疲れがとれてからでも間に合いますよ。

　もしも眠りが浅いようでしたら、毎日、軽い運動を心掛けてみてはいかがでしょう。
　エスカレーターやエレベーターを使わず、階段を使ったり、テレビを見ながら体を動かしたりと生活の中に取り入れやすいものからチャレンジしてみましょう。きっと頭と心はフル回転しているので、疲れ切ってしまっていると思います。ですが、体はそこまで疲れていないのかもしれません。すると、心と体のバランスが崩れ、深い眠りが得られないのです。このような眠り方で朝を迎えると、ぐったりとした疲れが残ってしまいます。

　また、寝る直前まで仕事をするのはやめておきましょう。頭の中は、仕事モードから睡眠モードにすぐに切り替えることができません。就寝１時間前は、ゆったりとした時間を過ごしてみましょう。
　好きな音楽を聴いたり、抗ストレス効果のあるアロマオイルを入れたお風呂に入ってみたり……、照明を落としてリラックスするのも良いですね。１日がんばった自分へのご褒美だと思ってのんびり過ごしてください。

　もし、運転することに不安を抱えているようでしたら、しばらくは、運転を控えておきましょう。バスや電車を使えば、乗っている時間は好きなだけぼーっとできますし、自動車通勤の時より、早く帰ることを意識できると思いますよ。

4　メンタルヘルス編

4. 保護者からの苦情

Q 何度も同じ保護者からの苦情がありました。
どのように対応したら良いのでしょうか？

　ある保護者から、「先生の教え方では、よくわからない。」「子どもが、学校がつまらないと言っている。」などの電話が良くかかってきます。私のことが気に入らないようで、苦情と感じる内容ばかりです。
　先日の懇談会では、他の保護者の前で「先生は、ちゃんと子ども達のことを理解しているのでしょうか。しっかりしてください。」と言われてしまいました。どうしたらよいでしょうか？

A 保護者は、先生に理解してほしいと思っています。
子ども理解を深め、子どものがんばりを伝えましょう。

　何度も同じ方から、このようなお電話を頂けば、苦情だと思ってしまいますよね。苦情だと思うと、受ける側は苦しくなったり、落ち込んでしまったりします。確かに、苦情を受けることは気持ちの良いものではありません。
　でも、私には、先生を飛ばして、学年主任教員や管理職教員の方々にお電話が来ていないことを嬉しく思ってしまうのです。だって、先生に話しても仕方がないと思ったら、先生にお話しせず、他の先生の所に行くのではない

でしょうか。「あなたじゃ話にならない。店長出せ！」じゃないですけれど……。

　ところが、この保護者は、必ず、先生に話をします。他の誰でもなく、先生に話を聞いてもらいたいのですね。先生に理解してもらいたいのです。

　保護者は、どなたでも、ご自分のお子さんが学校で楽しく過ごすことができているか知りたいものですし、悲しい顔をしていれば心配になるものです。この保護者もお子さんの様子を先生からうかがって、安心したいのだと思います。

　そのためにも、休み時間に一緒に遊んだり、学習中の様子を観察したり、ノートを集めて確認したりして、子ども達への理解を深めていきましょう。
　意識して子ども達に関わっていると、今まで気づかなかった良いところが目に入り、以前より子ども達をかわいく感じるかもしれません。先生にいつも見守られているという安心から、子ども達は先生を今以上に信頼すると思いますよ。

　ある程度、理解が深まってきたところで、先生から、何度もお電話を頂く保護者へお電話しましょう。
　まず、いつもお子さんの様子を伝えてくださったことへの感謝を述べ、そのお子さんのがんばりについてお話しましょう。最後に今後の先生の対応について述べ、協力をお願いします。
　緊張しますよね。でも、子ども理解をいつも心掛けている先生なら大丈夫。柔らかい心と柔らかい声で対応してみましょう。

4 メンタルヘルス編

5. 同僚性の低い職場

Q 他の教員の方々の仲が悪く、
やる気がない職場にうんざりしています。

　職員室の雰囲気が悪くて、職員室にいるのがつらいです。教員の方々が他の教員の悪口を言っているのをよく耳にします。
　職員会議では、前向きな意見を述べている教員に対して「そんなの面倒くさいよね。」「余計なこと言わないでよ。」といった反論が小声でささやかれている状態に、これが本当に教育の現場かと胸が苦しくなります。
　正しいと思うことを行うことができない職場のような気がして、うんざりします。

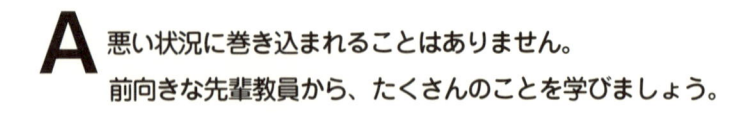

A 悪い状況に巻き込まれることはありません。
前向きな先輩教員から、たくさんのことを学びましょう。

　やる気がある先生にとって、職員室の様子は耐えられないようですね。子ども達に正しいことを促す教員が、率先して悪口を言ったり、前向きな意見に否定的だったりすれば、がっかりしますよね。

　どのような事情があって悪口を言っているかは、わかりませんが、先生が

つらい気持ちになるようなものなのですから、その中に巻き込まれることはありません。さっと席を外して、外の空気を吸いに行きましょう。そして、先生が話したいと思える方とお話するようにしましょう。

　悪口のない職員室の方が当然過ごしやすいですし、教員同士が仲の良い学校の方が、子ども達も落ち着きます。ですから、先生がつらいのはよくわかります。
　それでも、教育観は10人いれば10通りあるものです。大きく価値観が異なれば、悪口となって噴出してしまうこともあるかもしれませんね。議論という形で、表面化すれば良いとは思うのですが、難しいようです。私も、子ども達の前で、教員同士がいがみ合うことがないか、気を付けて見ていきたいと思います。

　職員会議での様子も、先生にとっては失望感を感じるものだったのでしょう。でも、この学校には前向きな意見を述べられている教員もいらっしゃるということです。
　悪いところばかりが目につくようになると。良いところが見えにくくなります。どんな状況であっても、子ども達のために前向きでいられる先輩教員は、先生にとって、良いモデルとなるのではないでしょうか。
　先生は、悪口や陰口が嫌いな正義感のある方です。いつかきっと、正しいと思うことを意見として述べられ、実行することができると思います。そのためにも、今、尊敬できる先輩教員の方からたくさんのことを学んでください。

4　メンタルヘルス編

6. 仕事と家事の両立

Q 結婚したばかりで、仕事と家事の両立がうまくできません。どうしたら良いのでしょうか？

結婚したばかりで、仕事と家事の両立に悩んでいます。毎日の仕事が終わるのが、平均して夜の8時頃です。それから家に帰ると、9時頃家に着き、夕飯を作って食べ終わる時間が11時頃になってしまいます。

パートナーは、遅くなることを理解してくれるのですが、思うように家のことも学校のこともできず、中途半端な自分に嫌気がさします。みなさんは、仕事と家事をどのように両立されているのでしょうか。

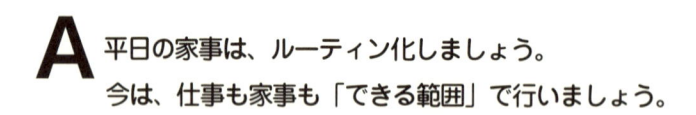

A 平日の家事は、ルーティン化しましょう。
今は、仕事も家事も「できる範囲」で行いましょう。

仕事と家事の両立は、難しいものです。特に慣れないうちは、大変です。慣れてくれば、大変さは軽減しますから、今の苦しさがずっと続くわけではありませんよ。安心してください。

結婚したばかりでは、家事がルーティン化されていないですよね。ある程度やるべきことをはっきりとさせておくと、その流れに乗ればよいので、何

をしなくてはならないか考える面倒を省くことができます。

　たとえば、朝起きたら、トースターにパンを入れて、夕飯の炊飯予約をします。それだけで良いのです。夜9時に帰ってきたら、おかずの用意をします。朝食の下ごしらえも、一緒にやってしまいます。

　新婚当初は、夕食の準備に気合が入ると思いますが、それは休日にとっておきましょう。普段は、焼く、炒めるなどの手早く作れるものにしましょう。レンジの活用も良いですね。少しは、時間の短縮になりますから、そのあとの時間を有効に使ったり、就寝時間を早めたりすることができます。

　理解があるパートナーのようですから、家事の役割分担もできると良いですね。お互いの適正にあった家事を分担できれば、気持ち良く生活できると思います。

　仕事も初めてのことばかりですから、大変だと思います。すべてを1人で完璧にこなそうと思ってはいけません。

　2つの初めてが重なってしまったことは、それだけ、他人の助けが必要ということです。それだけ、あきらめる部分も作っていかなくてはならないということです。ですから、むしろ中途半端が良いと思います。今、中途半端でも、経験の積み重ねで、満足できる時が来ます。

　ですから、できないときには「ごめんなさい。」と言って断りましょう。苦しい時には、「相談に乗ってください。」と頼みましょう。これも、大切な仕事です。

　少しでも良いです。早く帰ってくださいね。

4 メンタルヘルス編

7. 学級経営に集中できない不満

Q 雑用など、学級経営以外の仕事が多くて困っています。もっと学級経営に身を入れたいのですが……。

初任者教員は、自分の学級をちゃんと経営することが大切と先輩の先生方から言われて、自分もその通りだと思っているのですが、雑用や大会に向けての朝練習などの仕事が、当たり前のように割り当てられます。教材研究をしている間にも、雑用の仕事は容赦なく入ります。朝は、教室で子ども達を迎えたいと思っているのですが、とてもそのようなことは言えません。学級経営にもっと身を入れたいのですが、どうすればよいのでしょう。

A 雑用は計画的に、みんなで行いましょう。
学級外での先生のがんばりは、学級の子ども達に伝わっています！

　初任者教員にとって、学級の子ども達は何より大切ですから、気持ちはよくわかります。他の教員の方々もわかってくれていると思いますが、先生のような若くてフットワークの良い教員が赴任してくれたので、嬉しくて、ついつい仕事を頼んでしまうのだと思います。とはいうものの、このことが先生の負担になっていることは事実ですよね。

まず、朝練習ですけれども、いつも朝早くからご苦労様です。子ども達も先生に練習を見てもらえて、とても喜んでいます。
　でも、練習に最後まで参加する必要はないと思います。チーフの教員に事情を話して、10分前に上がらせてもらうことは可能ではないでしょうか。だれにでも初任者教員の時期はありましたから、気持ちはわかるはずです。他の先輩教員の方々の「初任者教員は、自分の学級をちゃんと経営することが大切」という言葉を借りて説明してもよいかと思います。

　また、雑用ですが、時間がかかるものについては、早めに予定表に入れてもらうよう、教務主任に話しておきますね。そのほかの雑用については、先生ばかりでなく、みんなで手分けして行うようにしますから、早く終えられるようにしましょう。

　学校全体の役に立ってくれている先生の存在は、学級の子ども達の憧れだと思います。いつも頼まれた仕事を快く引き受けている先生の後姿を見て、自分も進んで仕事をしようという気持ちになっている子は少なくないのではないでしょうか。
　私は、学級の中で子ども達に接することだけが、学級経営ではないと思っています。先生が学校の中で行っていることすべてが、学級の中に反映されていますよ。ですから、学級の外でも活躍されている先生の姿は、子ども達にとって、とても魅力ある姿なのです。
　ただし、あまりの忙しさに自分の仕事がおろそかになってしまう心配があるときは、遠慮なく私に言ってくださいね。

4 メンタルヘルス編

8. 管理職教員との関係

Q いつも褒めてくれる管理職教員の方々に陰口を言われ、不信感でいっぱいです。

　初めは、先輩教員の方々は優しい方ばかりで良い職場だと思っていました。先日、帰ろうとして、職員室に入りかけたところ、私のことについて、「サトウさんは、もう少し子どもをしつけることができるといいのだが。授業も心配だ。」と管理職教員の方々が話している声が聞こえてきました。いつも、「よく頑張っているね。」と言われていたので、ショックでした。今は、不信感でいっぱいです。悪いことがあったら、ちゃんと言ってほしいし、どうすればよいか教えてほしいです。

A 自分自身の成長のためにも、
　　管理職教員の方々の真意を知るためにも、
　　自分から相談してみましょう。

　信じていた先生達に裏切られた感じでしょうか。陰口を言われてしまったようで、ショックでしたね。
　ただし、「よく頑張っているね。」という管理教員の方々の言葉に嘘はないと思います。頑張っているからこそ、先生を育てたいという思いが、先生の

いないところでの「サトウさんは、もう少し子どもをしつけることができるといいのだが。授業も心配だ。」という言葉になってしまったのだと思います。きっと、先生を傷つけないで育てたいと思ったのでしょうね。

でも、先生は志が高く、ちゃんと教えてほしいと思う前向きな方です。先生の考え方を知れば、管理職教員の方々は、喜んで指導してくださると思います。

ですから、今度、生徒指導や教科指導で困っていることを校長先生や教頭先生に相談してみてはいかがでしょうか。きっと、思うところがあれば、細かく指導してくださると思いますので、先生にとってもプラスになると思いますし、今後、陰で心配されることもなくなると思います。

また、管理職教員の方々に対するわだかまりも軽減すると思います。

相手の言動や行動の意図は、相手にしかわからないものです。聞けば解決できるかもしれませんが、なかなか聞く勇気が湧いてきません。つい勝手に相手の気持ちを想像して悩んでしまいます。

想像しているうちに悪いイメージばかりが頭に浮かんで、しまいには相手を嫌いになってしまうことがあります。私は、これを「思い込みのスパイラル」と呼んでいます。

この負の思い込みに心が支配される前に、ぜひ、相手の言葉に耳を傾けてみましょう。思った以上に、先生は、先輩教員の方々に認められていますし、期待されていることがわかると思います。

♥4 メンタルヘルス編

9. 同僚教員への声掛け

Q 年上の人と話すことが苦手なため、他の教員の方々に自分から進んで指導を受けることができず、困っています。

　授業研究のための学習指導案を作っているのですが、教科主任や先輩教員の方々にアドバイスをもらうようにと、初任者指導員から言われました。元来年上の人と話すことが苦手なものですので、あまり話をしたことのない先輩教員の方々に質問するのは、正直きついです。先輩教員の方々もいつも忙しそうなので、声をかけづらいし、声をかける勇気が湧いてきません。

A あらかじめ準備をしてから指導を受けるようにしましょう。

　年上の人と話すことが苦手だと、教員の仕事は困ることが多いでしょう。周りの教員も保護者の皆さんもほとんど先生より年上ですものね。きっと私に話しかけることも、たくさんの勇気が必要だったことと思います。私に相談してくれてありがとう。先生に声をかけてもらえて、とても嬉しく思います。

　学習指導案を作ることは、初めのうちはかなり負担ですよね。教科主任にお話を聞くことはとても良いことだと思います。

　指導をお願いするときの順序としては、まず、教科主任のところに行き、

一緒に指導して頂く日時を決めます。このときは、先生の候補日時もリストアップしておくと決めやすくなりますよ。もし、教科主任に声をかけることが難しければ、私が前もってお願いしておきましょう。そのあとに、先生が教科主任と話し合うようにすれば、忙しいという理由で断られる心配はありません。

　次に、学習指導案を作成する上で困っている点を整理します。メモにまとめて、学習指導案を渡す時に添えましょう。メモに書いておけば、先生が無理して質問しなくても大丈夫です。
　学習指導案とメモは、できれば指導日の１週間前、遅くても３日前までに渡しておきましょう。そうすれば、指導日までに、読んでおいていただけるため、短時間で指導を終えられることになり、緊張する時間を短縮することができます。また、当日は、メモに添って話し合いが進みますから教科主任が話し合いをリードしてくれると思います。
　このように、あらかじめ準備をしてから指導を受ければ、「上手に話せるか。」とか「何を話したらよいのか。」といった不安は軽減できると思います。不安が軽減できれば、緊張の度合いも低くなります。

　もしよければ、一番初めの声掛けは、先生が慣れるまで私が引き受けますからね。まず、不安の少ない状態からの声掛けを経験しましょう。少しずつ自信をつけていきましょうね。

④ メンタルヘルス編

10. 多忙感

Q 仕事が忙しすぎる上、時間がかかってしまいます。どうしたら手際よく仕事を終えられるでしょう。

　仕事が忙しすぎて、疲れ切っています。子どもが帰る4時まで気を抜くことができず、そのあと会議が入っている時は、5時から自分の仕事に取りかかります。教室の環境作りや教材研究、書類作り、保護者への連絡など、キリがありません。毎日遅くまで残っても、終えることができません。どうしたらもっと手際よく仕事を終えることができるのでしょうか?

A 週案をスケジュール帳代わりに活用しましょう。

　教員の仕事は、本当に忙しくなっています。また、より良い学級経営をしたいと思えば、際限なく仕事が増えていきますよね。特別支援教育や新学指導要領実施などにより、確実に教員の仕事は増えてきています。

　最初のうちは、週案を書くことが負担だと思いますが、逆に週案をフルに活用することで、仕事をやりやすくすることができます。それは、週案をスケジュール帳代わりに活用する方法です。

　授業や行事について見通しを立てることはもちろんですが、その日にどん

な事務仕事を行い、どのような授業準備をするのかなども書き込んでおきます。授業について書く欄に、使用する教材や作成すべき資料なども書き込むと、授業の流れや教材研究の進め方が具体的にイメージできます。

　できた項目から、チェックを入れていけば、やり損なう心配もありませんし、慌てて仕事をするようなこともありません。計画を立てることができれば、見通しが持てて安心できますし、それだけで、仕事を半分終えたことと同じくらいの意味があります。

　そのうえ、週案を提出するという仕事も、自然と終えることができます。細かく週案に書き込んでおくことは、先生の実践記録となりますので、後々、参考にすることもできますよ（第2章1-7「週案の活用方法」参照）。

　また、キリがない仕事であることが、教員の仕事の特徴ですから、仕事の優先順位を考えることも必要だと思います。必ず今日中に終えなくてはならない仕事と2、3日中に行えば良い仕事、いずれやらなければならない仕事に分けてみましょう。

　すると、今日中に必ず終えなければならない仕事が、意外にも多くないことに気付きますよ。あとは、週案を参考にバランスを考えて、その日の仕事量を決めましょう。

　先生は十分頑張っています。ですから、やる気があっても、欲張らず、敢えて「ここまでやれば良い」というラインを作ってしまいましょう。それ以上はやらなくてかまいません。少しでも早く帰って、毎日元気な顔を見せてください。

④ メンタルヘルス編

11. 先輩教員との指導力の比較

Q 他の教員の方々と同じように指導できず、情けなくなってしまいます。

　自分の学級の子ども達はかわいいと思うのですが、他の学級のようにけじめをつけることができません。この前も、全校集会があるため体育館に移動するとき、私の学級だけ静かにならず、なかなか移動できませんでした。他の学級は、廊下に出るときから静かで、自分の指導力のなさに情けなくなります。つい、子どもにもきつい言葉で注意してしまって……自分は初任者教員なのだから仕方がないと自分に言い聞かせているのですが、落ち込んでしまいます。

A 今の先生は、十分魅力的！　子ども達と共に成長していきましょう。

　先生の学級の子ども達は、本当にかわいいですね。先生によくなついているから、心からかわいいと思えるのでしょうね。子ども達が、先生を見る目は、「先生、大好き！」と言っているように見えます。

　子どもとの関係性が良いことは、学級経営を行っていくときに最も大切なことですから、ぜひ自分のがんばりを自分自身で認めてあげてくださいね。

先生が言われた通り、先生は初任者教員なのですから、ベテラン教員の方々と自分を比べる必要はありませんよ。先生の若さや初々しさは、今の先生の持っている最大の魅力なのです。

　指導の技術は経験を積み重ねれば、自然と身に付いてきます。でも、今の先生の魅力は、今だけのものです。ですから、この時期を大切にしてほしいと思います。他の教員の方々と比較するのではなく、子ども達の先生を見る目を信じて、自信を持ってください。

　指導の仕方も、子ども達の中に入っていくスタイルで、一緒にルールを作ったり、一緒に問題を解決したりする方が、先生らしいかなと思います。ちょっとくらいにぎやかになったっていいじゃないですか。繰り返し、みんなで作ったルールに戻って考えることで、少しずつルールが徹底されると思います。

　このような指導の中で、子ども達は1人ひとりが大切にされていることを感じます。無理してきつい言葉で叱れば、子ども達には先生の無理している部分だけが伝わってしまい、先生の言葉の意味は伝わらないものです。先生と子ども達の良い関係性を活用しない手はありません。

　子ども達にたくさん助けてもらいましょう。子ども達にたくさん教えてもらいましょう。子ども達と共に成長していきましょう。いつも自分達に近いところで、一緒に考えてくれる先生の気持ちは、必ず子ども達に伝わりますよ。

④ メンタルヘルス編

12. 一人暮らしのつらさ

Q 初めての一人暮らしに、初めての仕事で、参っています……。

　地元では、採用がなかなかないので、教員になりたくて、地方から出てきました。初めての一人暮らしに、初めての仕事で、正直参っています。

　学校では目まぐるしく働いて、家に帰ったら、食事の用意です。今まで、親に何でもやってもらっていたので、今更ながら以前の生活を幸せに思ってしまい、今が苦しくなります。

　この頃、家に1人でいると、勝手に涙があふれてきて、そのまま何もできなくなります。私は、弱すぎるのでしょうか?

A 初任者研修での出会いを大切にしましょう。

　初めての仕事に初めての一人暮らしで、とてもつらそうですね。先生にとって、住んでいるところも初めての場所ですから、この地域に慣れることも大変ではないでしょうか。

　生活の大きな変化に気持ちと体が慣れるのには、時間がかかるものです。もしかしたら、先生にとって、今が一番つらい時期なのかもしれませんね。

　今までは、家には必ず、家族がいてくれて、先生の支えになってくれてい

たかと思います。初めての仕事なのですから、うまくいかないことも多いと思います。そんな時に、「お帰りなさい」の声が返ってこない電気の消えた家に帰ることは、切ないですし、悲しい気持ちになってしまいますよね。思わず涙があふれてきてしまうのも当然だと思います。ですから、先生が弱すぎるなんてことは、絶対にありませんよ。

　初任者研修が今後もありますけれど、きっと先生と合う方が、同じ初任者教員の方々の中にいると思います。研修というと、気が重いかもしれませんが、同期の仲間と会える場所でもあります。
　思い切って、その中で、先生と同じように地方から出てこられた方に声をかけてみてください。同じような悩みを抱えている初任者教員は多いと耳にしていますので、先生の気持ちをよく理解してくれるかもしれません。

　学校の中でも、学年会が終わった後に、お茶を飲みながらおしゃべりしましょうよ。先生のご家族のお話をうかがいたいです。きっと素敵なご家族なのでしょうね。ちょっと、仕事の時間を削ってしまうかもしれませんが、付き合ってくださいね。
　先生は、今悲しくなるほどの孤独を感じていると思いますが、私は先生のことを先生がいらした時からずっと大切な仲間だと思っていますよ。つらくなったら、いつでも声をかけてくださいね（第3章コラム参照）。

❤ 4　メンタルヘルス編

13. 学級担任以外での採用

Q 希望と異なる少人数担当での採用に、
　モチベーションが下がってしまいます。

　もともと学級担任にあこがれて教員になったのですが、少人数担当での採用でした。たくさんの子ども達と触れ合えることは楽しいのですが、クラスを持っている年の近い教員の方々を見ると、うらやましくてなりません。自分には教室がないので、ずっと、職員室にいなくてはならないことも負担です。
　子ども達には申し訳ないと思うのですが、最近、モチベーションも下がってきてしまっています。

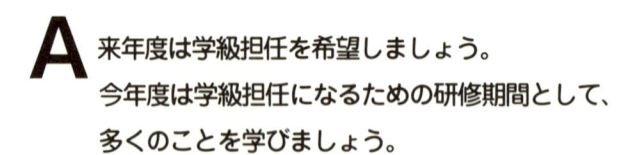

A 来年度は学級担任を希望しましょう。
　今年度は学級担任になるための研修期間として、
　多くのことを学びましょう。

　先生は、学級担任になりたい気持ちが強かったのに、少人数担当に決まった時は、残念な気持ちだったでしょうね。つらい気持ちを抱えながら、子ども達に笑顔で接していたのですね。
　算数の時間に先生が来てくださると、子ども達がとっても喜びます。思わ

ず、担任の私が妬けちゃうくらいです。先生は、それくらい魅力のある先生ですよ。

　子ども達が大好きな先生が、元気がなくなるのは、私にとってもつらいことです。まず、職員室にいなくてはならない状況を何とかしたいですね。決して職員室で仕事をしなくてはいけないわけではなく、他に仕事をする場所がないということですよね。

　そうでしたら、私たちの学年室を使ってください。授業中は、だれもいないので、自由に使っていただいてかまいませんよ。よかったら、放課後もご一緒しましょう。

　もし、おひとりで、ずっと仕事をしたいということでしたら、特別教室がいくつかありますから、そちらをお使いになれば良いかと思います。教材を作るには、広い場所が必要だと思いますし、管理職教員に伝えれば、許可が下りると思います。

　今すぐに、学級担任にというわけにはいきませんが、来年度の希望では、ぜひ学級担任を希望しましょう。校長先生にも、その気持ちを伝えましょう。

　今年度は、学級担任になるための研修期間として、いろいろな学年の教員の授業を見に行くことができると思ってはいかがでしょうか。たくさんの子ども達に出会うこともできますので、様々なタイプに適した接し方を学ぶこともできると思います。せっかくのチャンスですから、ぜひ生かしてくださいね。

　少人数担当を経験することにより、いきなり学級担任になるよりも、見方や考え方が広がると思います。そのような経験をした先生に担任になってもらう子ども達は、幸せですね。

コラム　メンターの必要性

　2010年3月に千葉県教育委員会は、「千葉県教育委員会メンタルヘルスプラン」の策定についての報告書を出しました。ここに、「メンター」の存在が明確に打ち出されています。

> 職場におけるキーパーソン（メンター）の存在
> 　メンタルヘルスケアの推進責任者は、管理監督者であるが、実際には職場の人間関係づくりを進めたり、相談窓口等になるキーパーソン的な役割を担う職員に負うところが大きい。管理監督者は、職員の中から、相談者が仕事上のことで迷ったり、悩んだときに相談に乗るメンターを複数指名しておくことが望ましい。メンターは、日常会話等を通した継続的な支援（メンタリング）を行うことにより、職員の自発性や自立性を促すことが重要である。
> 　　　　　　　　　　「千葉県教育委員会メンタルヘルスプラン」より抜粋

　このプランは、県内の市町村立学校教職員のメンタルヘルス増進にも寄与することを願って策定されたものです。となると、市町村立学校教職員にとってのメンタルヘルスケアの推進責任者は、管理職ということになります。そして、初任者教員のメンターとしては、学年主任や学年教師が適していると考えます。よって、先輩教員は、皆メンターとしての資質を向上させる必要があるということになります。
　学校現場で円滑な教育活動を行っていくためには、同僚性を高めていくことが非常に効果的です。そのなかで、以上のようなメンター制度を導入していくことが強く求められています。

第 3 章
初任者教員の成長

1. 初任者教員には2つのクライシス期が存在する!
－あなただけの問題ではないことを知り、早めの対処を!－

初任者教員のモチベーションは1年間で、どのように変化するか

　初任者教員の胸の内を探るために、私は2007年と2008年の千葉県小学校初任者教員、約900人に対して、アンケートを行いました。

　その中で、1年間の自分のモチベーションを振り返ってもらうことにしました。その結果、初任者教員にはある共通したモチベーション変化の傾向があることを発見したのです。調査の仕方は次の通りです。

　自分の「やる気レベル」を「普通の自分（レベル4）」を基準とし、「とても落ち込んだ時期（レベル1）」から「やる気満々の時期（レベル7）」まで、月ごとに◎印を付けてもらったところ、下図のような「やる気度変化表」ができあがりました。

やる気度変化表

	出会い			夏休み		運動会成績処理			冬休み			終了式	出会い
7	◎													◎
6		◎	◎			◎				◎		◎	
5				◎	◎				◎		◎		
4							◎	◎					
3													
2													
1													
	4月	5月	6月	7月	8月	9月	10月	11月	12月	1月	2月	3月	4月

第3章　初任者教員の成長

初任者教員の平均的な年間のモチベーション変化図

　初任者の平均的な年間のモチベーションの変化は以下の図のようになります。一番モチベーションが高い時期は4月で、5月にかけて一気に落ち込みます。そして、1年間には2つの谷が存在することがわかったのです。

　私は、この第一の谷（6～7月）を「第一クライシス期」と名付け、第二の谷（10月～12月）を「第二クライシス期」と名付けました。
　第1章で報告したような1年後に辞める初任者教員は、このクライシス期に、いろいろなことを思い、悩み、乗り越えられなかったことが原因なのではないかと推測しています。

やる気尺度

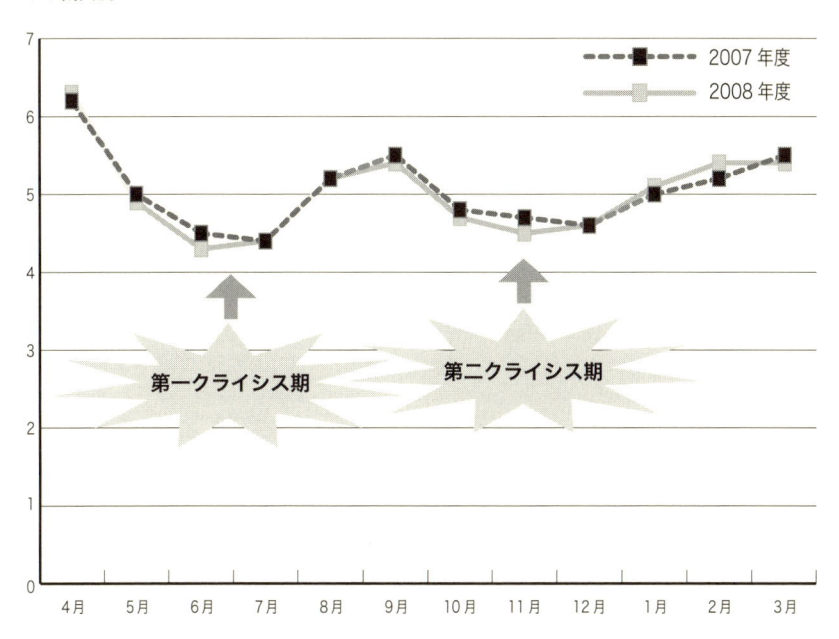

125

2つのクライシス期に、質的な差はあるか？

　私は、モチベーション変化を記述してもらうと共に、その原因は何であったのか、具体的な質問内容を用意して、モチベーション変化の要因を分析しました。この2つのクライシス期には、質的な違いがあるのかどうかが気になったからです。

　いろいろなクロス集計を分析していった結果、2つのクライシス期には、次のような質的な違いが出てきました。違いの表れた内容をつないで、クライシス期の初任者教員の胸の内を表現してみると、次のような状況になります。

第一クライシス期：児童掌握の技術不足から来る学級崩壊の危険性期

　第一クライシス期の胸の内を文章で表現すると、次のような初任者教員の様子がわかってきます。

>　4月、大きな夢を抱いて着任する初任者教員であるが、学校の先の見通しが持てずに、仕事が後手後手になることが多い。満足のいく授業ができる技術がないので、授業中の子ども達の私語が気になり出す。どの様に叱ったらよいのか、その叱り方の基準、つまり学級経営の柱になるべき自分の優先順位がないために、学級をまとめることができない。周りを見回すと、どうも自分が学級は他の学級より劣っているようにも思えてくる。
>
>　そのような状態が続く中、いじめが原因で不登校の子どもが出たり、靴隠し事件などが発覚。このような毎日が続くと「自分は教員に向いていないのではないか」と考え始める。日曜日に次の週のことを考えたり、学校の状況を考えると眠れないこともある。
>
>　同じ学校に理想となる教員がいたり、教材研究を気軽に聞くことので

きる先輩教員がいると、少しは自分の仕事へのモチベーションも上がってくるが、現実問題に直面すると、自分の教員への自信が揺らいでくる。

【第一クライシス期のポイント】
①学校の見通しが持てない。
②満足のいく授業ができる技術がない。
③その叱り方の基準、つまり学級経営の柱になるべき自分の優先順位がない。
④いじめが原因で不登校の子どもが出たり、事件やトラブルが発覚する。

第二クライシス期：児童掌握の技術不足に反応する保護者の不満と学年主任や管理職からの指導

同様に、第二クライシス期の胸の内を文章で表現すると、次のような初任者教員の様子がわかってきます。

夏休み、大学時代の友人に会ったり、実家に帰るなどして自分の気持ちを整理することができたので、教員の仕事へのやる気が復活。しかし、いざ学校の毎日が始まると、クラスをまとめられない自分の技術の未熟さは、改善されていないことがわかる。授業中に教員の指示に従わない児童も目立ち始める。
すると、その学級の状態を見て、学年主任から学級経営についての指導がなされ、自分も何とかしなければいけないと、自分なりにはあがいているのだが、その方法がどうしても思いつかない。
そんな迷いの中、授業参観と学級懇談会があり、学級についての不安や不満を話題にする保護者が出始め、管理職に何とかして欲しいと願い出る保護者や連絡帳で細かいことを指摘する保護者も増え始めた。

初任者指導員にいろいろなことを相談すると、良く話を聞いてくれ具体的なアドバイスももらうことができた。しかし、もし、初任者指導員がこのような方でなかったら、かなり落ち込みを引きずることは間違いないだろう。

　自分が工夫したことに対して、教頭や教務主任、学年主任がプラスの評価をしてくれると、自分の教員への自信のなさも少しは和らいでくるが、自分の実践が至らないせいで、ほとんどほめられることはない。

　そのような中でも、気楽に悩みを話せる同僚がいたり、自分のクラスの問題児を多くの教員が知っていたりしてくれていると、自分の気持ちも落ち着いてくる。

【第二クライシス期のポイント】
①クラスをまとめられない自分の技術の未熟さが改善されていない。
②学年主任から学級経営についての指導。
③学級についての不安や不満を話題にする保護者の存在。
④指導教員への相談。

初任者教員に伝えたい〈心得6ヶ条〉

　どうですか？　あなたの周りに、このような体験をしている初任者教員はいませんか？

　初年度の教員は、いろいろなところで「指導」されて、自分自身に自信を持てずに悩んでいることが多いようです。プラスの評価をされることが少ないこともわかっています。

　そこで私は、このようなクライシス期を乗り越えるために、以下のような「初任者教員心得6ヶ条」を提案します。

第3章　初任者教員の成長

【初任者教員心得6ヶ条】
（1） 自分からどんどん情報を発信しよう。

　初任者にとっては、4月からの仕事がどれも初めての経験です。自分が仕事をしながら、どんなことに悩み、どんなことに困っているのか、身近な人に情報を発信していきましょう。周りの人が、あなたのことを察して声を掛けてくれるわけではありません。まずは、自分から情報を発信しましょう。

（2） 報告・連絡・相談を欠かさない

　あなたが受け持った学級はあなたに任されています。しかし、1人の考えで学級を経営していくのではありません。今どんなことが問題で、どんな児童に悩んでいるのか？　保護者からの連絡帳に、どう答えたらよいのか？　些細なことでも学年主任に報告したり、相談したりしていきましょう。「報告・連絡・相談」の3点セットは、あなたの味方を増やすキーワードです。

（3） 児童掌握技術を盗め！

　ベテラン教員は、児童をどうやって掌握していくか、技術を持ち合わせています。給食当番の決め方や清掃の仕方、話を聞かせるテクニックなど、隙間時間にどんどん質問しましょう。あなたに空き時間があれば、ベテランの先生の授業を見に行かせてもらうのも良いでしょう。

（4） 気軽に話せる先輩教員を捜せ！

　これは(1)～(3)と共通することです。同じ年代の教員と友達になることはもちろんですが、学校内で、気軽に話ができる先輩教員を見つけることが、初任者教員の技量をアップさせ、モチベーションを高めていく近道です。

（5） 放課後、職員室の会話に加わろう！

　放課後は、教室で学級事務をすることは、なるべく少なくしましょう。職

員室で作業をしていれば、知らず知らずのうちに他の教員の会話に加わることができます。そのちょっとした会話の中で、相談や連絡、授業の相談などができますから……。まずは、コミュニケーションの場所と時間を職員室に確保することです。

(6) 聞くは一時の恥、聞かぬは永遠のナゾ
「こんなことを聞いたら怒られるだろうか」などと、他人の評価を気にする必要はありません。初任者教員は、そもそも、何も分からない存在だからです。聞きたいことを聞かないで「一生のナゾ」にならないように！　聞くは一時の恥ですから、気楽に先輩に質問しましょう。

2. 事例にみる初期層教員の成長

初期層教員のストレッサー

　1年目を乗り越えた自負があるものの、初期層（2年目から5年目）教員も職場にたくさんのストレスを感じています。ただし、その原因となるストレッサーは、初任者教員が感じるものとは少し異なるようです。

多忙感

　ストレッサーとして一番に挙げられる多忙感については、初期層教員のみに特化されるものではないと思います。多忙感は、書類の提出量が以前より増えている点や特別支援教育がスタートした点、新学習指導要領の実施のため授業時間が増える点などにより、今後さらに増幅していく恐れがあります。また、初期層教員にとっては、慣れない仕事の連続ということもあり、中堅・ベテラン教員より仕事に時間がかかってしまうことはやむを得ないことです。経験が浅い内は、忙しさを強く感じてしまうでしょう。その上、若いからこそ、頼まれる仕事（部活動の指導や引率、朝練習の参加など）も多いと思います。もちろん職員全体で関わろうという姿勢を示している学校もありますが、仕事に慣れない中での、さらなる仕事につらさを感じてしまうことは当然でしょう。

研究の関するつらさ

　多忙感とも重なる部分がありますが、研究に関するつらさも大きいようです。この部分は、小学校の方が中学校より研究が盛んであることが特筆され

ると思います。初期層の教員は、準備に時間がかかったり、授業に自信が持てなかったりするために負担となっていることが多く見られます。

　公開研究会や指導主事等の計画訪問などで授業を見られることは、その教員に対する評価につながることでもあるため、準備に力が入ってしまうのではないでしょうか。また、管理職も、初期層教員に対して、他の教員以上に目を配るため、細かな指導が入り、一層準備に時間がかかってしまうことがあります。学習指導案の作成は、少しでも、経験を重ねることで、慣れることが大切です。

その他のストレッサー

　ただし、実際、初期層教員から話を聞くと、乗り越えられるかどうかといった不安に駆られてしまうほどのストレッサーは、研究のほか、「学級経営」や「職場の人間関係」であることがわかりました。
　ここでは、初期層に当たる5年目教員、3人のケースを紹介します。

事例1：学級経営に苦労したA教諭

努力家で悩みやすいタイプ

　A先生は、1年目、2年目、初めての仕事に戸惑ったものの、積極的に学級経営にも、職員との関係構築にも取り組みました。
　仕事にやりがいや楽しさを感じており、穏やかに子ども達に関わるタイプの教員です。ただし、他の教員に自己主張することには、困難を感じています。また、悩みやすい性格で、仕事に時間がかかりすぎてしまうことも悩みの種となっています。それでも、子どもが大好きで、子ども達の笑顔を思い出せば、大変な仕事も乗り越えられたようです。

いじめ、特別支援教育に悩む日々

ところが、3年目、初めて5学年を担任した時に、いじめが起こり、子どもと保護者への対応に苦慮する日々が続きました。この間は、それまでに、学級経営も他の教員との関係も良好だっただけに、非常につらい気持ちを味わいました。

多くの教員が担任することに難しさを感じている高学年は、思春期と前思春期、また、思春期に全く入っていない子ども達を同じクラスの中で見ていくため、バランスを保つために様々な努力を要します。さらに、A先生のクラスには1学期後半に特別な支援が必要な児童が転入してきたため、2学期初めからクラスの人間関係のバランスに微妙な崩れを感じつつ、学級経営を行っていました。不安が大きく、朝通勤前には、腹痛に見舞われる日が続いたと言います。

学年主任への相談により、悩みを克服

A先生は、つらい状況にあった時に、学年主任に思い切って相談したことで、楽になりました。初めは、一人で考え込んでしまって、自分の力のなさを責める毎日でしたが、学年主任が、A先生の様子がおかしいことに気付いて、声をかけてくださいました。そこで、胸の内を話すことができたのです。思わず話をしながら泣いてしまったA先生の姿を見て、学年主任は、一緒に泣いてくれました。A先生がよき理解者を得たことを強く感じた瞬間でした。

その後、一緒に対応策について考えたり、保護者との面談には必ず同席してもらったりするようにしました。対応に時間はかかりましたが、3学期になって、クラスにまとまりが見られるようになりました。学年主任の励ましもあり、4年目には、クラスを持ち上がり、6学年を担任しました。困ったら自分から進んで学年会で相談するようにし、時折起こる問題の解決に臨みました。卒業式には、子ども達とたくさんの感動の涙を流したそうです。

この事例での学年主任は、まさにA先生にとってメンター的役割を果たしたと言えます。メンターとは、信頼できる相談相手のことです（コラム参照）。一緒に解決策を導き出すことができ、安心して話ができるA先生の学年主任は、良きメンターと言えるでしょう。

困った時は、進んで相談

　5年目の今も、困ったことがあると、自分から進んで学年主任や先輩教員に相談するようにしているA先生は、「誰にも言えないと思って、悩んでいた時には、教員を辞めようかとも思ったけれど、学年主任の先生に話を聞いてもらったら、心がふわっと軽くなった感じがしました。これからは、話を聞いてもらうだけじゃなくて、聞いてあげられる先生になりたいです。」と語っていました。

事例2：職場の人間関係に苦労したB教諭

やる気があり、社交的なタイプ

　B先生は、やる気に満ちていて、仕事も楽しく行えているうえ、子どもに対し非常に熱心に指導するタイプの教員です。社交的であり、自分の意見を主張することもできます。

　今は、校務分掌で教科主任を任されることもあり、その仕事で学校をリードできるように努力しています。また、周囲の教員に対して深い感謝の気持ちを持っています。そんなB先生ですから、仕事に時間がかかってしまうことを気にしており、学年の教員に申し訳なく思っています。

学年教員の冷たい態度により、眠れなくなる……

　このような前向きなB先生が、2年目に4学年を持ちあがりで担任した時に、真剣にやめようと思うほど悩みました。理由は、学年の教員が挨拶を返

してくれなくなったためです。

　また、B先生の学級がお楽しみ会をしているときに、いきなり教室に来て、「こんなにうるさくしたら迷惑でしょう！」と子どもの前で叱られたこともあり、しばらく眠れなくなってしまいました。お楽しみ会を行うことは学年会で報告していたのですが、B先生は、自分に原因があるのではないかと悩み続けました。

　初期層教員にとって、学年の教員は最も身近で、最も頼りにしている存在です。つらいことがあっても、学年の教員ががんばりを認めてくれたら、それだけで元気になれるほど、その存在は大きなものです。

　挨拶は、毎日行うものです。朝から、挨拶がスムーズに行えなかったら、1日気分が落ち込むこともあるでしょう。報告していたのに、子どもの前で叱られたら、どうしたら良いかわからなくなってしまうでしょう。B先生にとって、孤立感を味わった1年と言えます。しかしながら、クラスの子ども達との関係性が大変よかったため、何とかつらい1年間を乗り越えることができました。

初期層教員に対する冷たい態度は、弱い者いじめと同じ

　他の年は、周囲の教員に支えられ、十分力を発揮していたので安心ですが、いったい、なぜ2年目のようなことが起こってしまったのでしょうか。どんな理由があっても、まだまだ仕事に慣れず不安の真っただ中にいる初期層教員に、挨拶を返さなかったり、子どもの前で叱ったりするような仕打ちはやめてほしいと思います。B先生に問題があるのなら、言葉でしっかり伝えてあげた方が効果的です。

　このような状態は、弱い者いじめと同じであるという認識のもと、先輩教員は若手に関わっていただけると助かります。また、管理職も教員の人間関係にていねいに目を配ってほしいと思います。

事例3：研究に苦労したC教諭

前向きであり、進んで相談できるタイプ

　C先生は、あまり悩むこともなく、仕事にやりがいも楽しさも感じています。また、自分の思いを伝えることも、進んで行えます。

研究による多忙感の増幅

　非常に前向きな教員ですが、ストレスはいくつか抱えています。特に研究は時間がかかるため、帰宅時間を遅くしてしまう要因になっており、C先生の大きなストレッサーになっています。退勤時刻が、午後9時以降になることも多く、睡眠時間も、平均5時間と大変短く心配です。

　C先生は、研究が盛んな学校に在籍しており、2学期に、毎年全国公開研究会を行っています。そのため、毎年、2学期につらさがピークに達します。特に、4年目に小学校の教員の中で最も忙しい最高学年を担任した時には、C先生の中でつらさが最大になりました。

相談は大きなストレスコーピング

　C先生は、人と話すことを好む社交的な性格のため、研究について、積極的に質問したり相談したりすることができます。ベテラン教員は、C先生をかわいい後輩と思って、ご自分の経験をもとにいろいろ教えてくださるのですが、まだまだ基本的な内容について理解を深めたいC先生にとっては、実践するのに難しい内容であることも少なくありませんでした。そのようなアドバイスをうかがうたびに、さらにストレスを感じてしまったそうです。

　それでも、学年関係なく、教えてほしいと思う先生のもとに積極的に足を運んだところ、少しずつ納得いく回答が得られるようになりました。「相談する→実践する」を繰り返し、今では、少しずつ自信をつけてきています。

　C先生は、周囲の教員に相談することによって、つらさを軽減することが

できました。どんなにつらい仕事でも、周囲に相談できる教員がいることと自分から相談できることは、大きなストレスコーピングになることがわかるケースです。ストレスコーピングとは、「つらい心の負担への対処」のことです。

同僚性は大切！

　C先生の学校は、研究は厳しいものの、職員にまとまりがあり、雰囲気も良いそうです。管理職は、理解も力もあり、同僚性の高い職場と言えます。このことは、C先生が進んで相談できる状況が作られた大きな要因と言えます。同僚性の高さは、厳しい仕事環境に潤いをもたらしてくれるようです。

事例から言えること

高い同僚性は、ストレスコーピングに効果的

　一つ一つの事例を見ていくと、ストレッサーは、学級経営であったり、研究であったりとさまざまですが、どのようなストレスに対しても、同僚性が高いことが効果的であることがわかります。同僚性とは、「助け合いのある職場の良好な人間関係」を指します。

　特に学年主任や学年教員から適切なサポートを受けることができている教員は、激しい落ち込みが見られても、サポートを受けた後、少しずつ前向きな気持ちに切り換えていくことができます。話をする、教えてもらう、問題に一緒に対応してもらう等、関係づくりの中身はそれぞれ異なりますが、下地に信頼感があることは間違いありません。

事例1について

　「学級経営に苦労したA教諭」については、3年目の教員が特別支援を必要とする転入生を引き受けている点が気になりました。検討した結果、他の

学級は更に大変なのでやむを得ずといった感じなのでしょうか。できれば、任せる前にできる限りの配慮をしてほしいものですね。

また、いじめについて悩んでいましたが、特別支援教育にしても、いじめにしても、周囲の教員がアドバイスしてくれることはもちろんのこと、気軽におしゃべりができるだけでも、負担の軽減につながります。一人でも二人でも話を聞いてくれる同僚がいることは、大きなストレスコーピングになります。

事例2について

「職場の人間関係に苦労したB教諭」では、「挨拶を返してくれない」ことや「子どもの前で叱られた」経験など、先輩教員からの嫌がらせとも取れるような状況が見られました。どのようないきさつがあって、このようなことが起こったのかわかりませんが、どんな理由があっても、経験の浅い教員の心が痛むような関わり方は慎むべきです。せめて、初期層教員がサポートを最も望んでいる学年主任だけでも味方になってほしいと思います。

全体的に、同僚性で悩む初期層教員は少なかったのですが、同僚性で悩んでいる教員が、退職まで考えるほどの最も強いストレスを感じることが特筆できます。

事例3について

「研究に苦労したC教諭」については、多忙感に拍車がかかる意味でも、研究が大きなストレッサーになっていることがわかります。ストレスコーピングとして自ら進んで相談することの効果が語られました。ここでも、他の教員との関わりが、ストレス軽減に大いに役立つことがわかります。

本来、ストレッサーは複合的

3つの観点から事例を見たものの、本来は、複合的な悩みが多いものです。

小学校は、あらゆる教科を指導しなくてはなりません。保護者と関わる機会は、中学校と比べると多く設定してあります。一つ一つの行事に対して力が入るため、教員同士の関わりも多くなっています。学級担任制度であるため、自分の学級に対して責任が重くのしかかってきます。ですから、学級経営が全てと言っても過言ではありません。

先輩教員のサポートは、初期層教員の心の糧
　しかしながら、どんな悩みがあっても、学年内の関係性が良好であれば、仕事に積極的に取り組めます。また、学年主任をはじめとする周囲の教員が積極的に関わってくれれば、悩みを軽減することができます。反対に、仕事に悩みがなくても、学年内の関係性に問題があると、激しい落ち込みが襲ってきます。
　以上のように、初期層教員は、学年主任を中心に周囲の教員のサポートを得て、力を発揮することができます。ここで先輩方に支えてもらった経験が、異動した後にも大きな心の糧となることでしょう。

コラム　初任者教員と一緒に泣いた日

　5月頃、初任者教員が、廊下をうつむきながら歩く姿をよく見るようになりました。すれ違う時に、声をかけると涙を見せることもありました。そこで、話しだけでも聞ければと思い食事などに誘ったのですが、「大丈夫です。」と断られてしまいました。私よりは同世代の人が誘った方がいいのかと思い、声をかけてもらったのですが、やはり断られてしまいました。どうも自宅が遠く、夜遅くまでいると次の日に影響が出てしまうことを心配しているのだということがわかりました。そこで、時間をかけずに気分転換できないか考え、学校でお茶を飲みながら話をすることにしました。飲み物やお菓子をたくさん買ってきて、初任者教員と同世代の女性教員を誘い、「今日は一緒にいっぱい泣こう！」と放課後その先生のクラスに行きました。そして私から、本当に辛くて教員を続けられるか悩んだ出来事を涙ながらに話しました。するとみんなも一緒に泣いてくれました。1人ひとり、今までの辛かったできごと、みんなに話し助けてもらったからこそ乗り越えられたことなどを話して一緒に泣きました。

　この日、誰にでも悩みはあるし、最初はできなくても当たり前、ということがわかってもらえたような気がしました。また、みんなで一緒に泣くということでお互いの距離も近くなったように感じました。その後は、月に1回のペースで飲み物やお菓子を用意し『愚痴言い大会』を開きました。移動時間もなく、誰かに泣き顔を見られる心配や、学校外の誰かに聞かれる心配もなく、なんでも話すことができました。学校でちょっと気分転換をすることは時間があればいつでもできるので、気軽にやり続けることもできたと思います。結局、初任者だけでなくみんなが元気になって3月まで乗りきることができました。

■編集及び執筆

明石要一	千葉大学教育学部教授	序文
保坂亨	千葉大学教育学部附属教育実践総合センター教授	第1章、第1章コラム、第3章―2

■執筆者一覧

佐々木邦道	千葉県野田市立南部小学校教諭	第2章―授業づくり編、第3章―1
土田雄一	千葉県市原市教育委員会学校教育部教育センター所長	第2章―学校生活編―4、扉文、コラム
佐瀬一生	千葉大学教育学部附属教育実践総合センター准教授	第2章―学級づくり・生活指導編
荒井明子	千葉県習志野市総合教育センター指導主事	第2章―メンタルヘルス編、第3章―2
工藤明子	千葉県市原市立光風台小学校教諭	第2章―学校生活―1
平野裕子	千葉県市川市立大野小学校教諭	第2章―学校生活編―2
杉崎有衣	千葉県八千代市立勝田台小学校教諭	第2章―学校生活編―3
生井久恵	千葉県松戸市立柿ノ木台小学校教諭	第2章―学校生活編―5・6
吉田英明	千葉県千葉市立美浜打瀬小学校教諭	第2章―学校生活編―7
森美香	千葉県立千葉市立鶴沢小学校教諭	第2章―学校生活編―8
工藤晋平	千葉県市原市立姉崎小学校教諭	第2章―学校生活編―9
鈴木明美	千葉県浦安市立高洲小学校教諭	第2章―学校生活編―10
森岡理佳	千葉県市原市立若宮小学校教諭	第2章―学校生活編―11
坂本千代	東京都八王子市立山田小学校教諭	第2章―学校生活編―12
江里口真紀	千葉県富津市立富津小学校教諭	第3章コラム

■ 編著者：明石要一

1948年生。千葉大学教育学部教授。専門は教育社会学（青少年教育）。文部科学省の各委員を歴任、主に青少年文化の研究に取り組む。著書に『子どもの規範意識を育てる』（明治図書、2009年）、『キャリア教育はなぜ必要か』（明治図書、2006年）、他多数。

■ 編著者：保坂亨

1956年生。千葉大学附属教育実践総合センター教授。専門は教育相談。教員のメンタルヘルス、不登校・長期欠席、児童虐待などを研究。著書に『日本の子ども虐待』（福村出版、2011年）、『いま、思春期を問い直す』（東京大学出版会、2010年）、『"学校を休む"児童生徒の欠席と教員の休職』（学事出版、2009年）、他。

初任者教員の悩みに答える　2011年7月6日　初版第1刷発行

編著者　明石　要一・保坂　亨
発行者　阿部　黄瀬
発行所　株式会社 教育評論社
　　　　〒103-0001
　　　　東京都中央区日本橋小伝馬町2-5 FKビル
　　　　TEL: 03-3664-5851
　　　　FAX: 03-3664-5816
　　　　http://www.kyohyo.co.jp
印　刷　萩原印刷 株式会社

©Yoichi Akashi, Toru Hosaka 2011. Printed in Japan　　ISBN978-4-905706-59-5

定価はカバーに表示してあります。
本書の無断複写・転載は、著作権法上での例外を除き禁じられています。
落丁本・乱丁本の場合は、送料当方負担でお取替えいたします。小社営業部宛にお送りください。